全国证券从业人员执业资格考试热题库

证券市场基本法律法规

全国资格认证考试热题库编委会
季伟　主编

策划编辑：陈希尔
封面设计： 砚祥志远·激光照排

联系我们：
地址：辽宁省大连市沙河口区星海大厦
电话：0411-84669496
邮箱：retiku@retiku.cn

如有任何疑问
请联系客服人员

扫一扫，关注中国纺织出版社热题库系列

中国纺织出版社
热题库

中国纺织出版社
官方微信大众版

中国纺织出版社
官方微博

中国纺织出版社
天猫旗舰店

ISBN 978-7-5180-4011-7

定价：58.00元

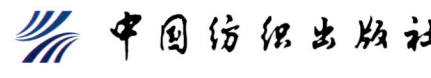
中国纺织出版社
全国百佳出版单位
国家一级出版社

内 容 提 要

本书主要依据证券业从业人员一般从业资格考试大纲中的"证券市场基本法律法规"科目要求而编写，内容涵盖思维导图、模拟试卷、热题库三部分，思维导图能够帮助读者理清复习脉络，模拟试卷可以帮助读者检测复习效果，热题库可以帮助读者逐一击破考试重点、难点及易错点，增强应试能力。

图书在版编目（CIP）数据

全国证券从业人员执业资格考试热题库. 证券市场基本法律法规 / 全国资格认证考试热题库编委会，季伟主编. —北京：中国纺织出版社，2017.11

全国资格认证考试热题库

ISBN 978-7-5180-4011-7

Ⅰ. ①全… Ⅱ. ①全… ②季… Ⅲ. ①证券交易—从业人员—中国—资格考试—习题集 ②证券法—中国—资格考试—习题集 Ⅳ. ①F830.91-44

中国版本图书馆CIP数据核字（2017）第219544号

策划编辑：陈希尔　　责任印制：储志伟

中国纺织出版社出版发行
地址：北京市朝阳区百子湾东里A407号楼　邮政编码：100124
销售电话：010—67004422　传真：010—87155801
http://www.c-textilep.com
E-mail: faxing@c-textilep.com
中国纺织出版社天猫旗舰店
官方微博http://weibo.com/2119887771
三河市延风印装有限公司印刷　　各地新华书店经销
2017年11月第1版第1次印刷
开本：787×1092　1/16　印张：7.5
字数：158千字　定价：58.00元

凡购本书，如有缺页、倒页、脱页，由本社图书营销中心调换

纺织社资格考试系列热题库

全国银行业专业人员职业资格考试热题库

《银行业法律法规与综合能力》（初级）

《银行业法律法规与综合能力》（中级）

《风险管理》（初级）

《风险管理》（中级）

《个人贷款》（初级）

《个人贷款》（中级）

《个人理财》（初级）

《个人理财》（中级）

《公司信贷》（初级）

《公司信贷》（中级）

《银行管理》（初级）

《银行管理》（中级）

全国期货从业人员执业资格考试热题库

《期货法律法规》

《期货基础知识》

《期货投资分析》

全国证券从业人员执业资格考试热题库

《金融市场基础知识》

《证券市场基本法律法规》

全国基金从业人员执业资格考试热题库

《基金法律法规、职业道德与业务规范》

《证券投资基金基础知识》

《私募股权投资基金基础知识》

心理咨询师国家职业资格考试热题库

《心理咨询师》（二级）

《心理咨询师》（三级）

目 录

一、热题库使用说明

二、思维导图

    第一章 证券市场基本法律法规

    第二章 证券从业人员管理

    第三章 证券公司业务规范

    第四章 证券市场典型违法违规行为及法律责任

三、模拟试卷

    《证券市场基本法律法规》模拟试卷（一）

    《证券市场基本法律法规》模拟试卷（二）

    《证券市场基本法律法规》模拟试卷（三）

参考答案及解析

第一章 证券市场基本法律法规

第一节 证券市场的法律法规体系

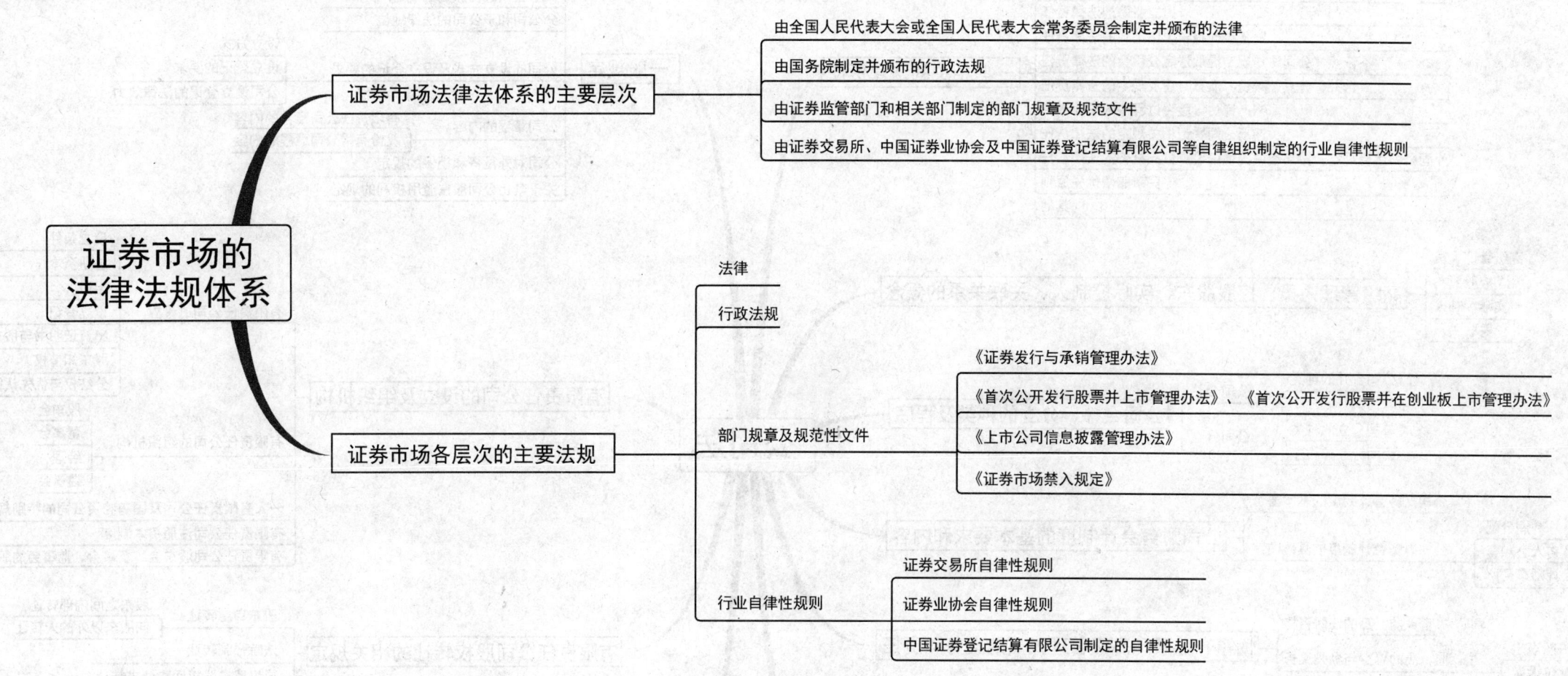

第二节 公司法

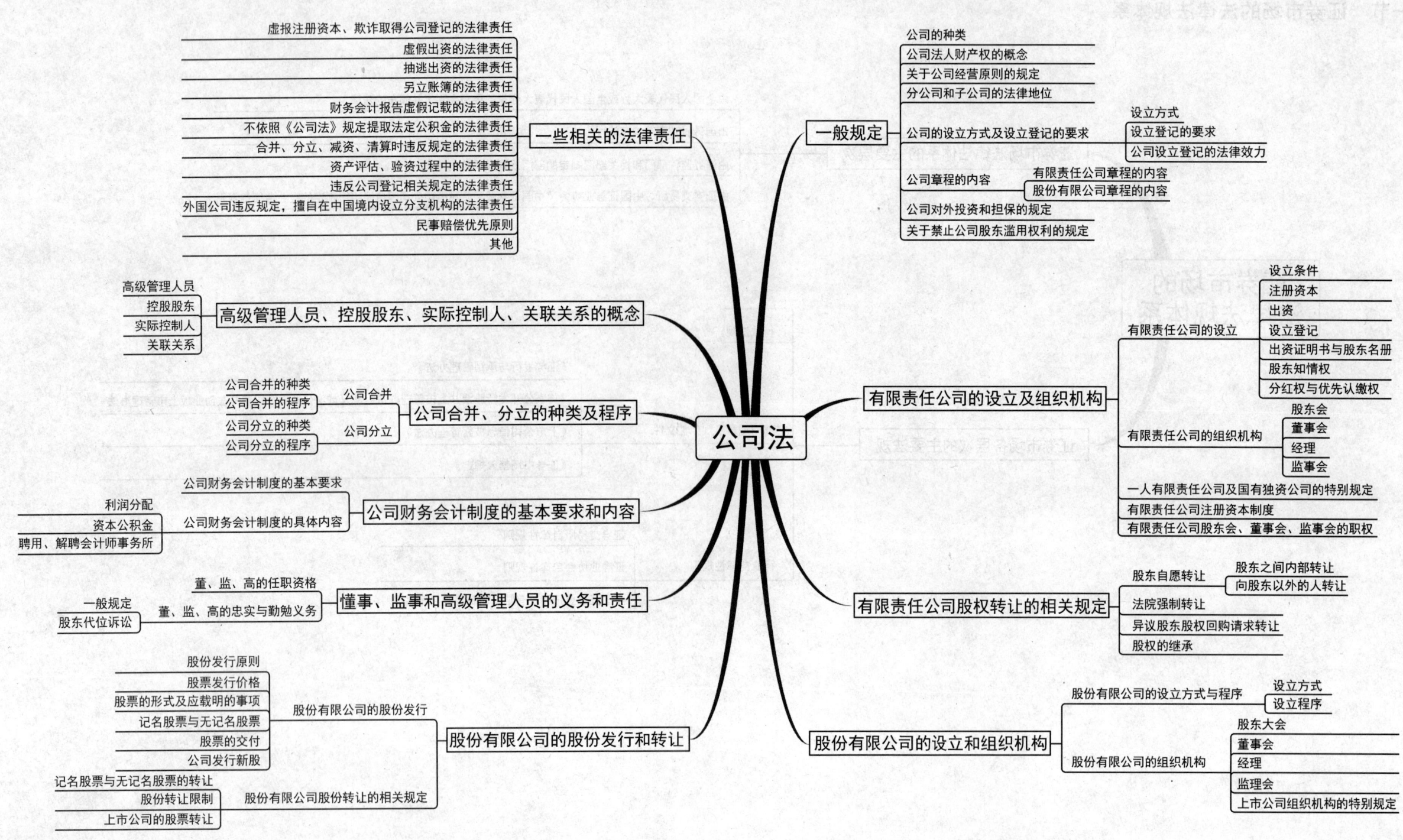

第三节 证券法

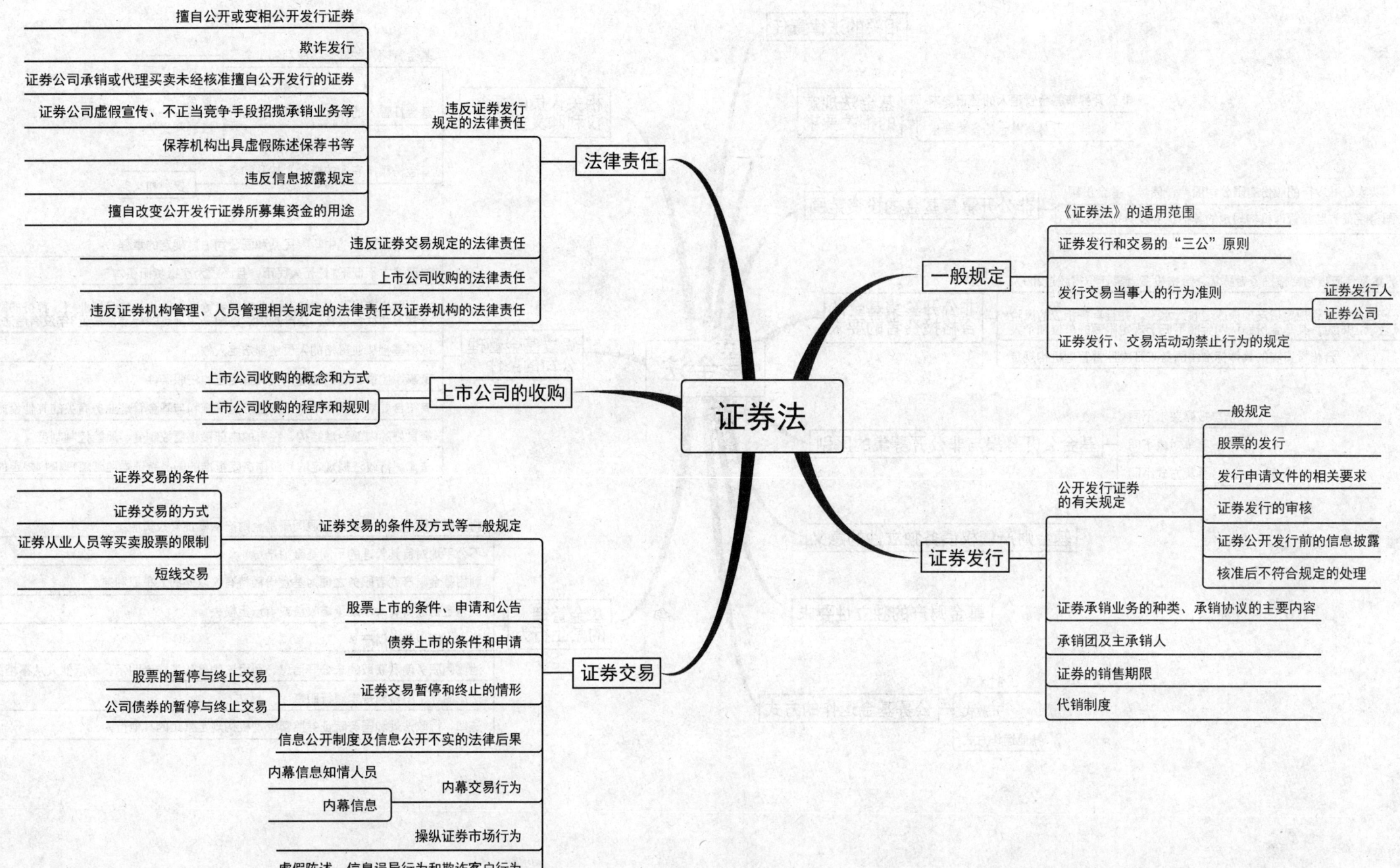

第四节 基金法

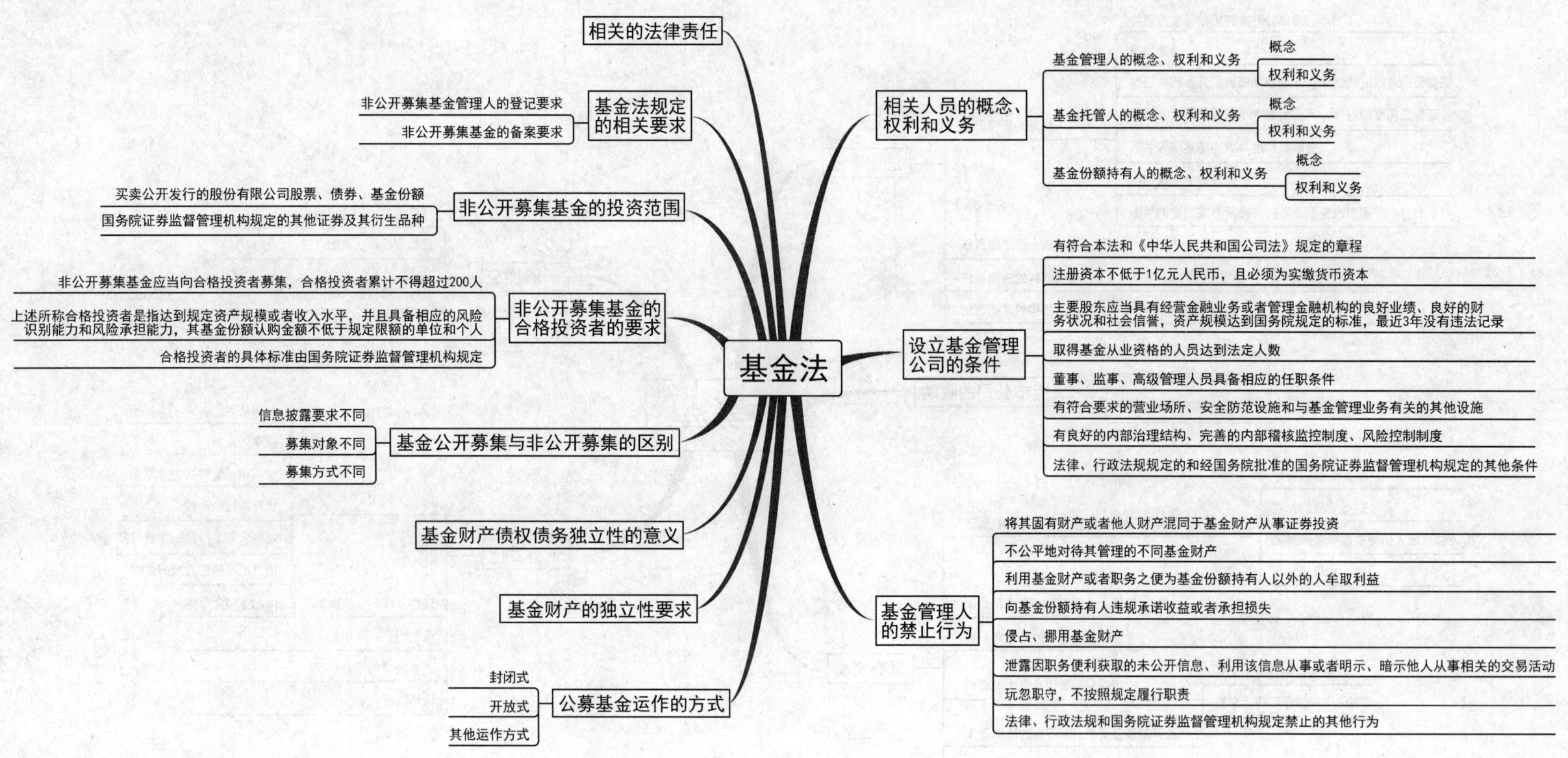

第五节 期货交易管理条例

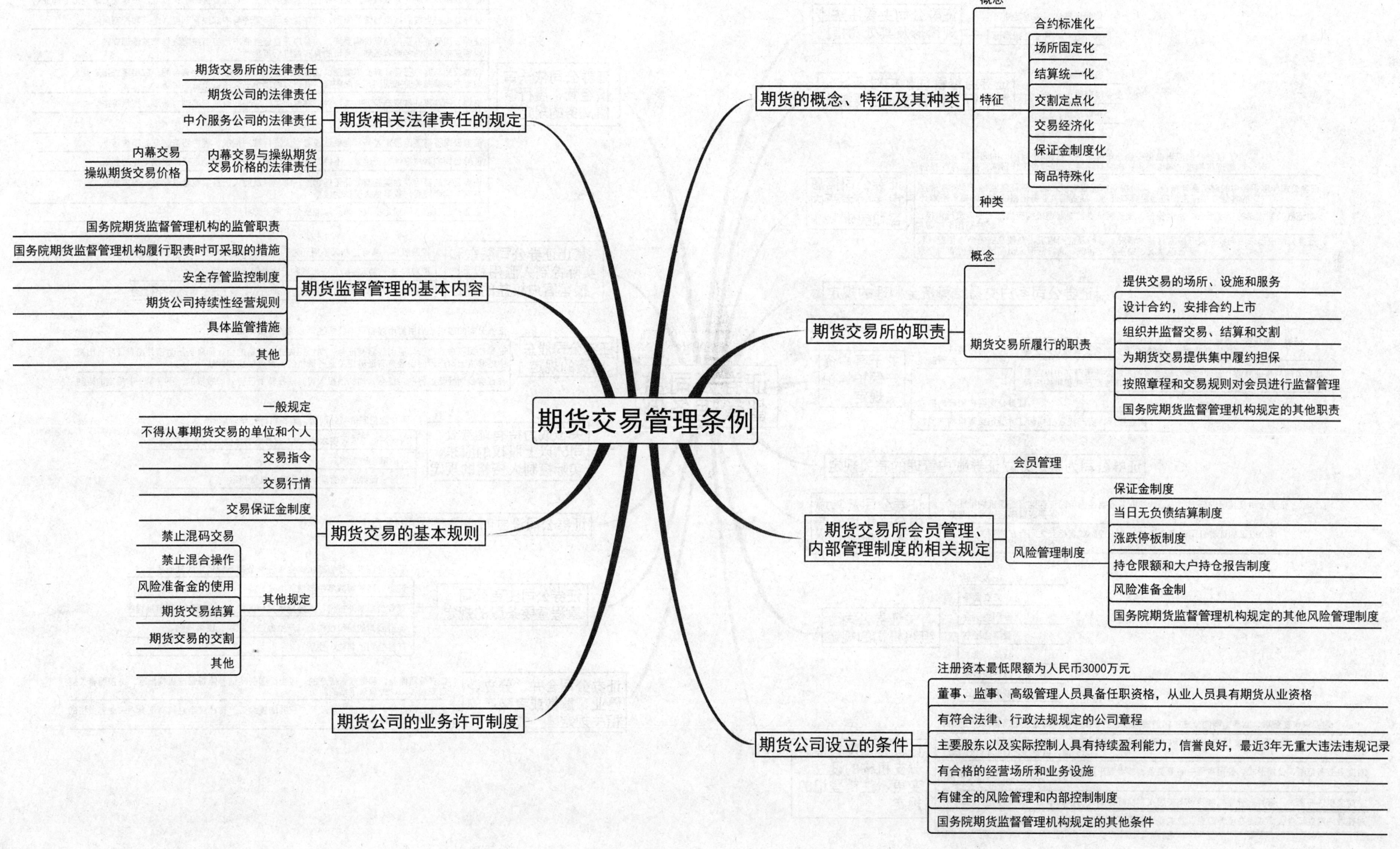

第六节 证券公司监督管理条例

证券公司监督管理条例

证券公司依法审慎经营、履行诚信义务的规定
- 证券公司应当遵守法律、行政法规和国务院证券监督管理机构的规定，审慎经营，履行对客户的诚信义务
- 证券公司及其境内分支机构经营的业务应当经国务院证券监督管理机构批准，不得经营未经批准的业务
- 证券公司应当按照审慎经营的原则，建立健全风险管理与内部控制制度，防范和控制风险
- 证券公司受证券登记结算机构委托，为客户开立证券账户，应当按照证券账户管理规则，对客户申报的姓名或者名称、身份的真实性进行审查
- 证券公司与客户签订证券交易委托、证券资产管理、融资融券等业务合同，应当事先指定专人向客户讲解有关业务规则和合同内容，并将风险揭示书交由客户签字确认
- 证券公司从事证券资产管理业务、融资融券业务，应当按照规定编制对账单，按月寄送客户
- 证券公司应当建立信息查询制度
- 证券公司不得违反规定委托其他单位或者个人进行客户招揽、客户服务、产品销售活动
- 证券公司向客户提供投资建议，不得对证券价格的涨跌或者市场走势作出确定性的判断
- 证券公司应当建立并实施有效的管理制度，防范其从业人员直接或者以化名、他人名义持有、买卖股票，收受他人赠送的股票
- 证券公司应当按照规定提取一般风险准备金，用于弥补经营亏损

禁止证券公司股东和实际控制人滥用权利、损害客户权益的规定
- 控股股东、实际控制人不得通过四种方式影响上市公司资产的完整性
- 控股股东、实际控制人应当维护上市公司人员独立
- 控股股东、实际控制人不得通过四种方式影响上市公司财务的独立性

证券公司股东出资的规定
- 证券公司的股东应当用货币或者证券公司经营必需的非货币财产出资
- 证券公司股东的出资，应当经具有证券、期货相关业务资格的会计师事务所验资并出具证明；出资中的非货币财产，应当经具有相关业务资格的资产评估机构评估
- 在证券公司经营过程中，证券公司的债权人将其债权转为证券公司股权的，不受第一款规定的限制

关于成为持有证券公司5%以上股权的股东、实际控制人资格的规定
- 因故意犯罪被判处刑罚，刑罚执行完毕未逾3年
- 净资产低于实收资本的50%，或者或有负债达到净资产的50%
- 不能清偿到期债务
- 国务院证券监督管理机构认定的其他情形

证券公司设立时业务范围的规定

证券公司变更公司章程重要条款的规定
- 国务院证券监督管理机构要求证券公司章程规定的其他事项
- 证券公司的解散事由与清算办法
- 证券公司对外投资、对外提供担保的类型、金额和内部审批程序
- 证券公司的组织机构及其产生办法、职权、议事规则
- 证券公司的名称、住所

证券公司合并、分立、停业、解散或者破产的相关规定
- 证券公司停业、解散或者破产的，应当经国务院证券监督管理机构批准，并按照有关规定安置客户、处理未了结的业务
- 证券公司合并、分立的，涉及客户权益的重大资产转让应当经具有证券相关业务资格的资产评估机构评估

证券公司主要违法违规情形及其处罚措施
- 依照证券法相关规定处罚
- 其他处罚情形

证券监督管理机构对证券公司进行监督管理的主要措施
- 检查措施
- 责令限期改正
- 其他措施

证券公司信息报送的主要内容和要求
- 证券公司应当自每一会计年度结束之日起4个月内，向国务院证券监督管理机构报送年度报告；自每月月末之日起7个工作日内，报送月度报告
- 证券公司年度报告中的财务会计报告、风险控制指标报告以及国务院证券监督管理机构规定的其他专项报告，应当经具有证券、期货相关业务资格的会计师事务所审计
- 对证券公司报送的年度报告、月度报告，国务院证券监督管理机构应当指定专人进行审核，并制作审核报告
- 证券公司应当依法向社会公开披露其基本情况、参股及控股情况、负债及或有负债情况、经营管理状况、财务收支状况、高级管理人员薪酬和其他有关信息

证券公司客户交易结算资金僻理的规定

关于客户资产保护的相关规定
- 证券公司从事证券经纪业务，其客户的交易结算资金应当存放在指定商业银行，以每个客户的名义单独立户管理
- 证券公司从事证券资产管理业务，应当将客户的委托资产交由指定商业银行或者国务院证券监督管理机构认可的其他资产托管机构托管
- 客户资产存管、托管制度
- 证券公司客户资产的独立
- 商业银行、资产托管机构和证券登记结算机构的监督

证券公司为客户开立证券账户管理的有关规定

证券公司及其境内分支机构经营业务的规定
- 证券公司及其境内分支机构经营的业务应当经国务院证券监督管理机构批准，不得经营未经批准的业务
- 两个以上的证券公司受同一单位、个人控制或者相互之间存在控制关系的，不得经营相同的证券业务

有关证券公司组织机构的规定
- 一般规定
- 独立董事
- 专门委员会
- 董事会秘书
- 合规负责人
- 董、监、高任职资格
- 法定代表人或高管离任

证券公司及其境内分支机构的设立、变更、注销登记的规定
- 对要求审查董事、监事、境内分支机构负责人任职资格的申请，自受理之日起20个工作日
- 对设立、收购、撤销境内分支机构，变更境内分支机构的营业场所，或者停业、解散、破产的申请，自受理之日起30个工作日
- 对变更业务范围、公司形式、公司章程中的重要条款或者要求审查高级管理人员任职资格的申请，自受理之日起45个工作日
- 对变更注册资本、合并、分立或者要求审查股东、实际控制人资格的申请，自受理之日起3个月
- 对在境外设立证券公司或者在境外设立、收购或者参股证券经营机构的申请，自受理之日起6个月

第二章 证券从业人员管理

第一节 从业资格

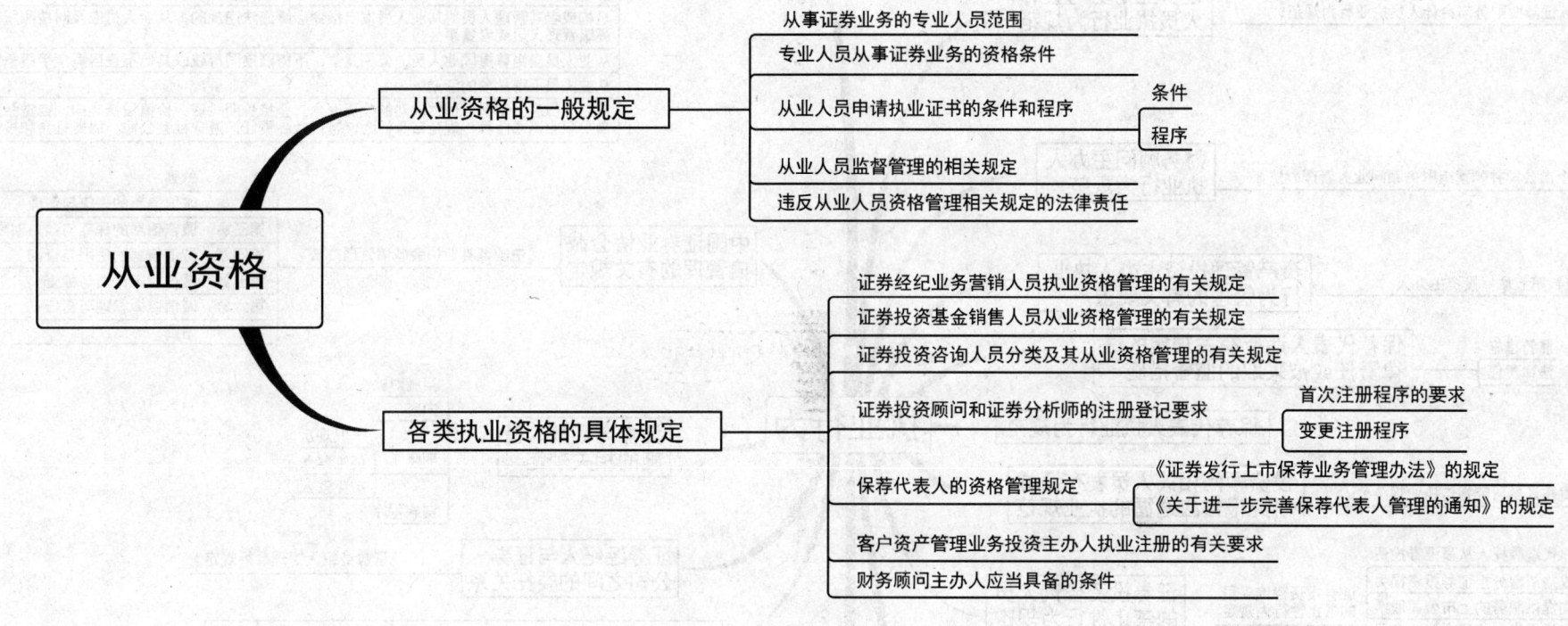

第二节 执业行为

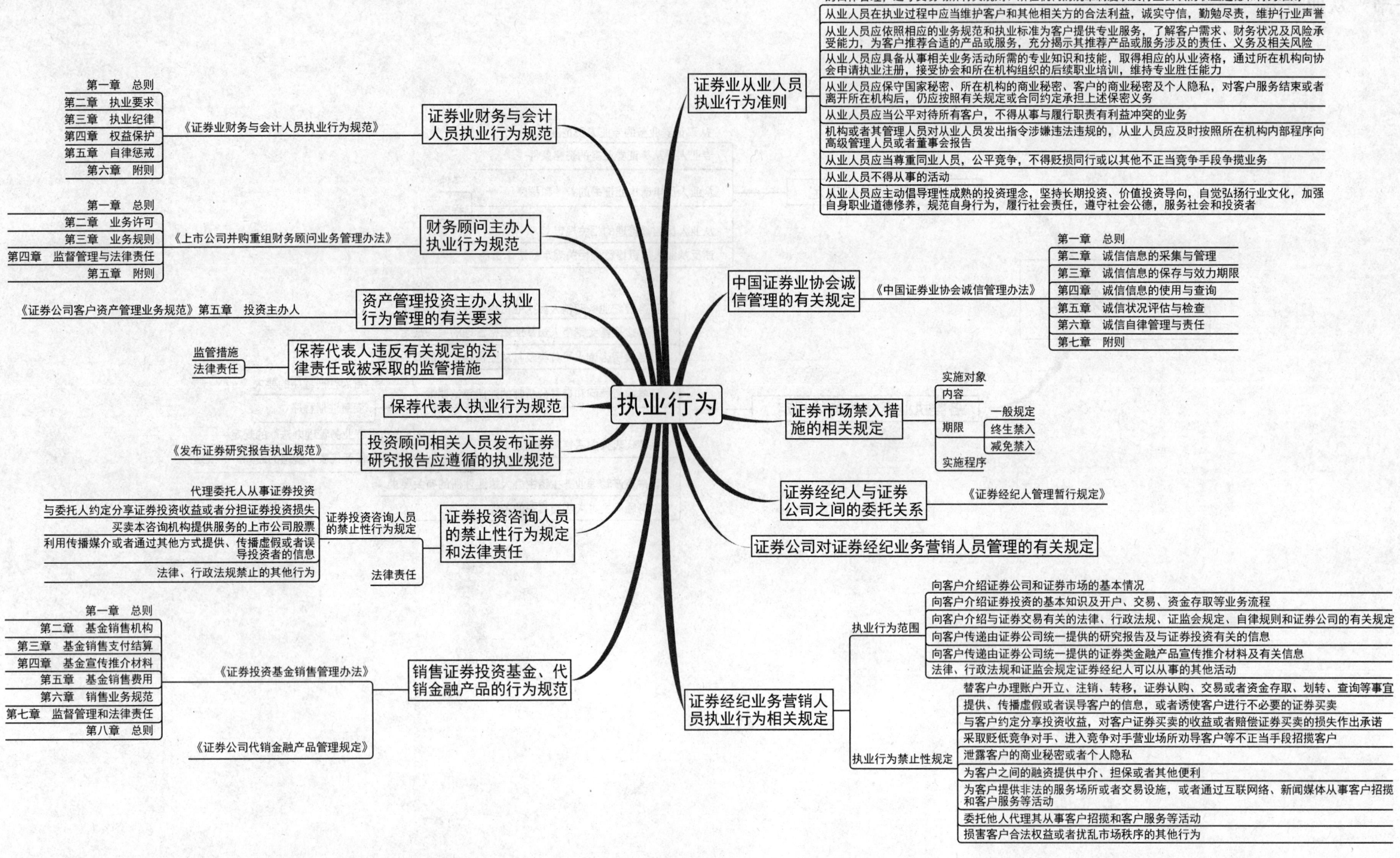

第三章 证券公司业务规范

第一节 证券经纪

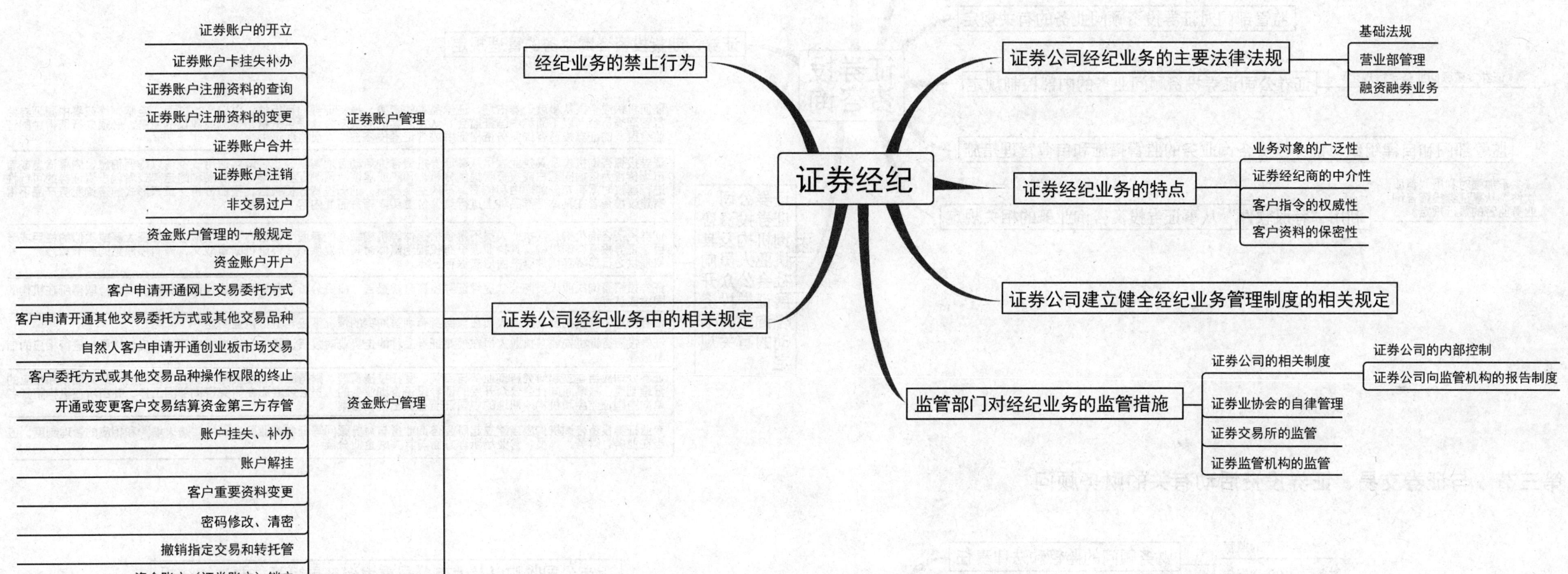

第二节 证券投资咨询

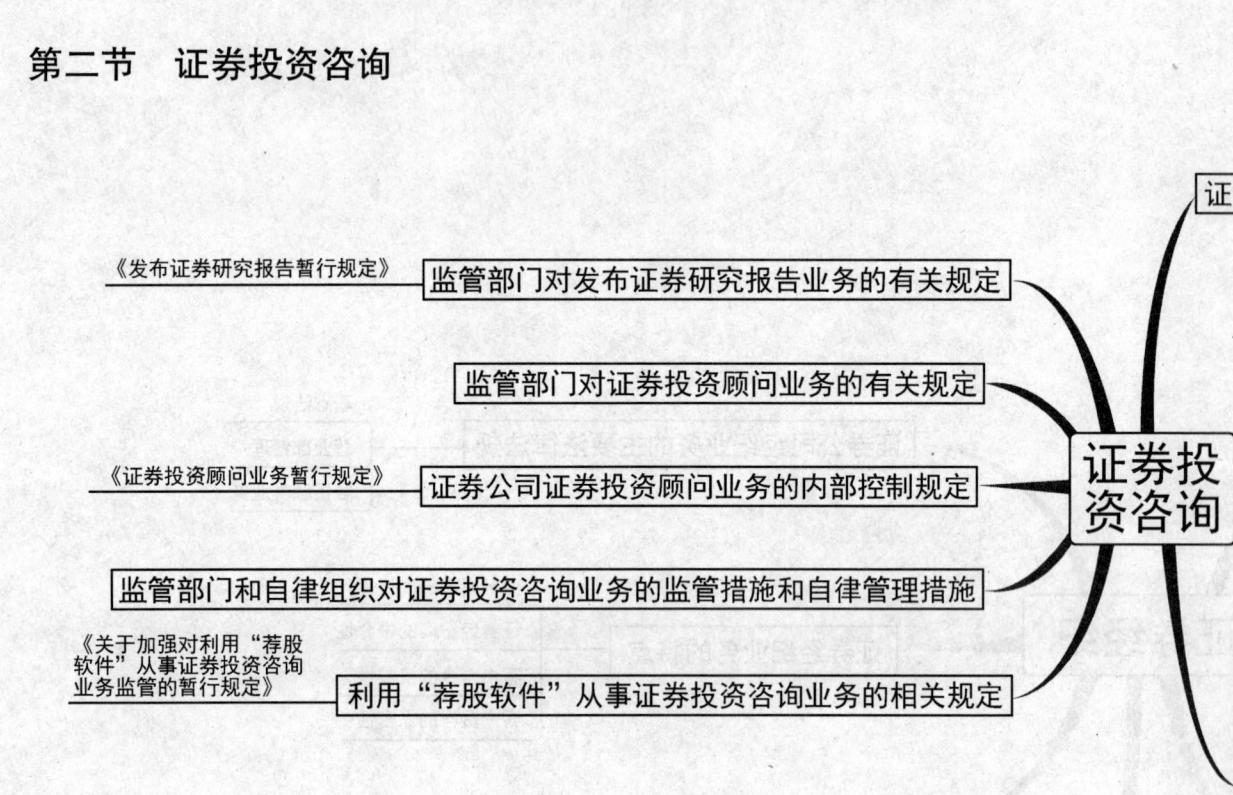

第三节 与证券交易、证券投资活动有关的财务顾问

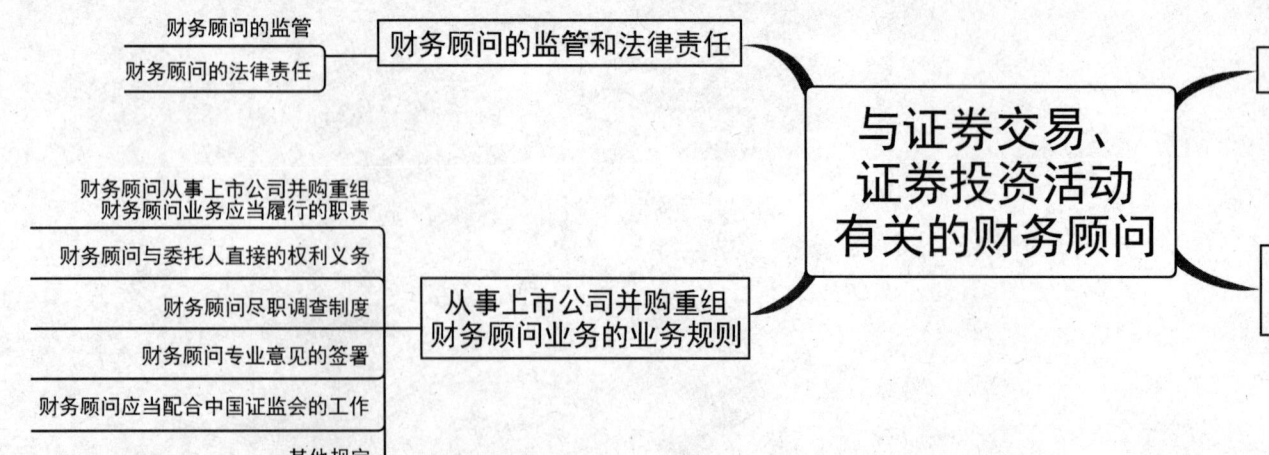

第四节 证券承销与保荐

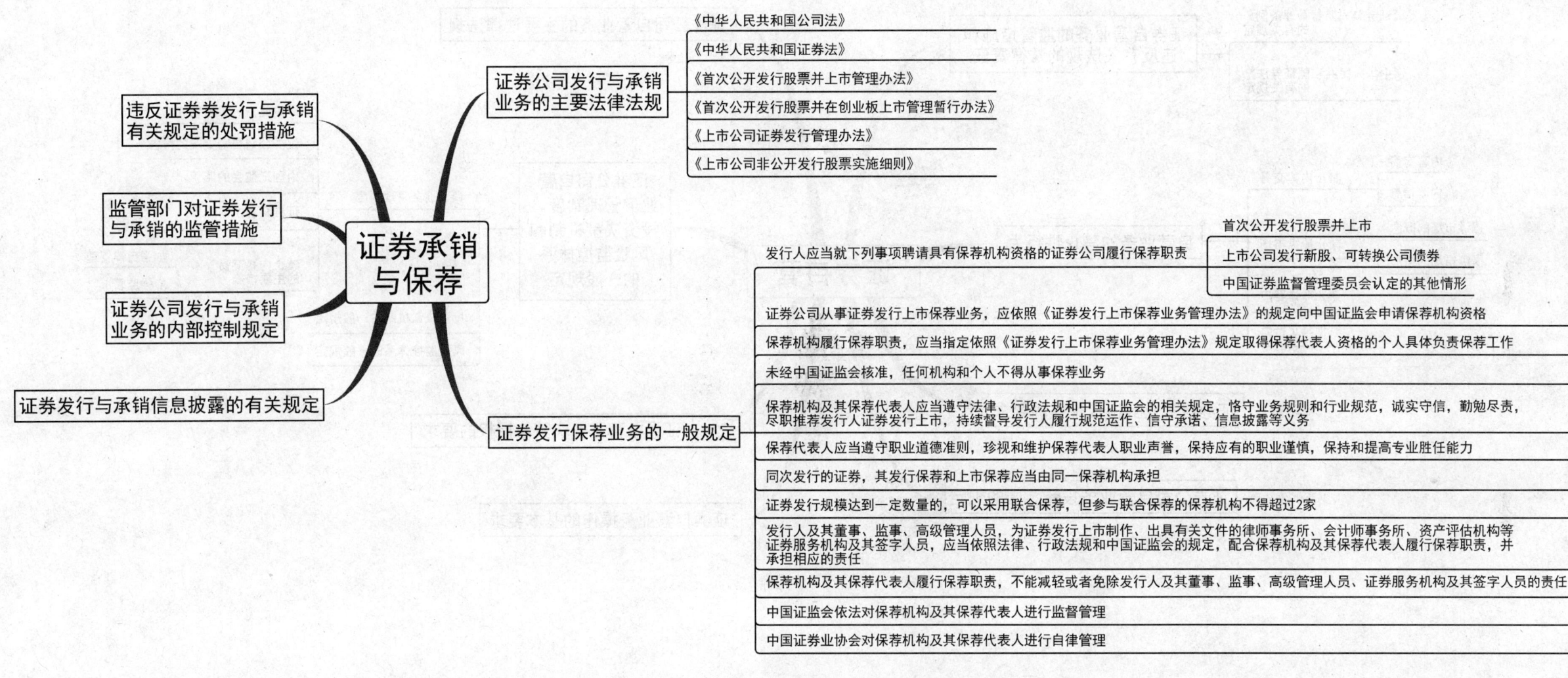

第五节 证券自营

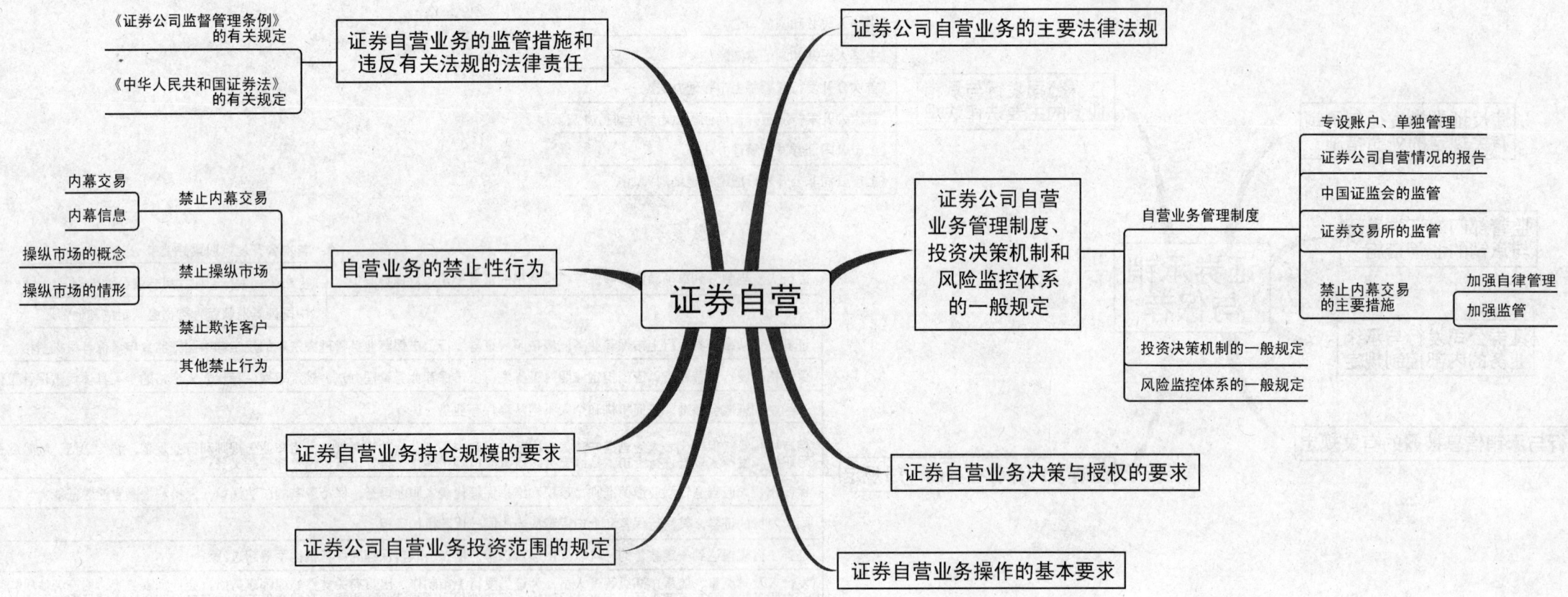

第六节 证券资产管理

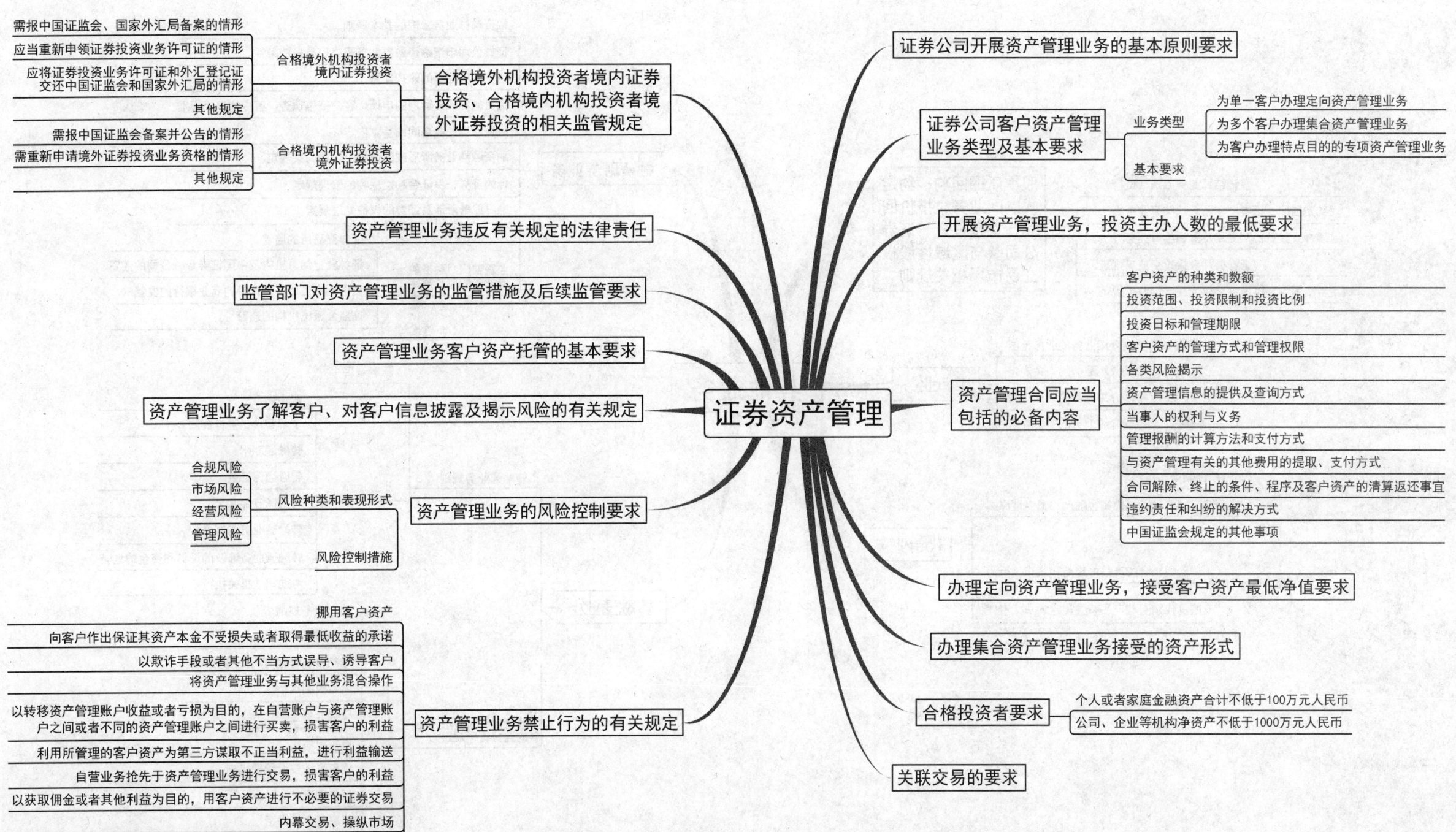

第七节 其他业务

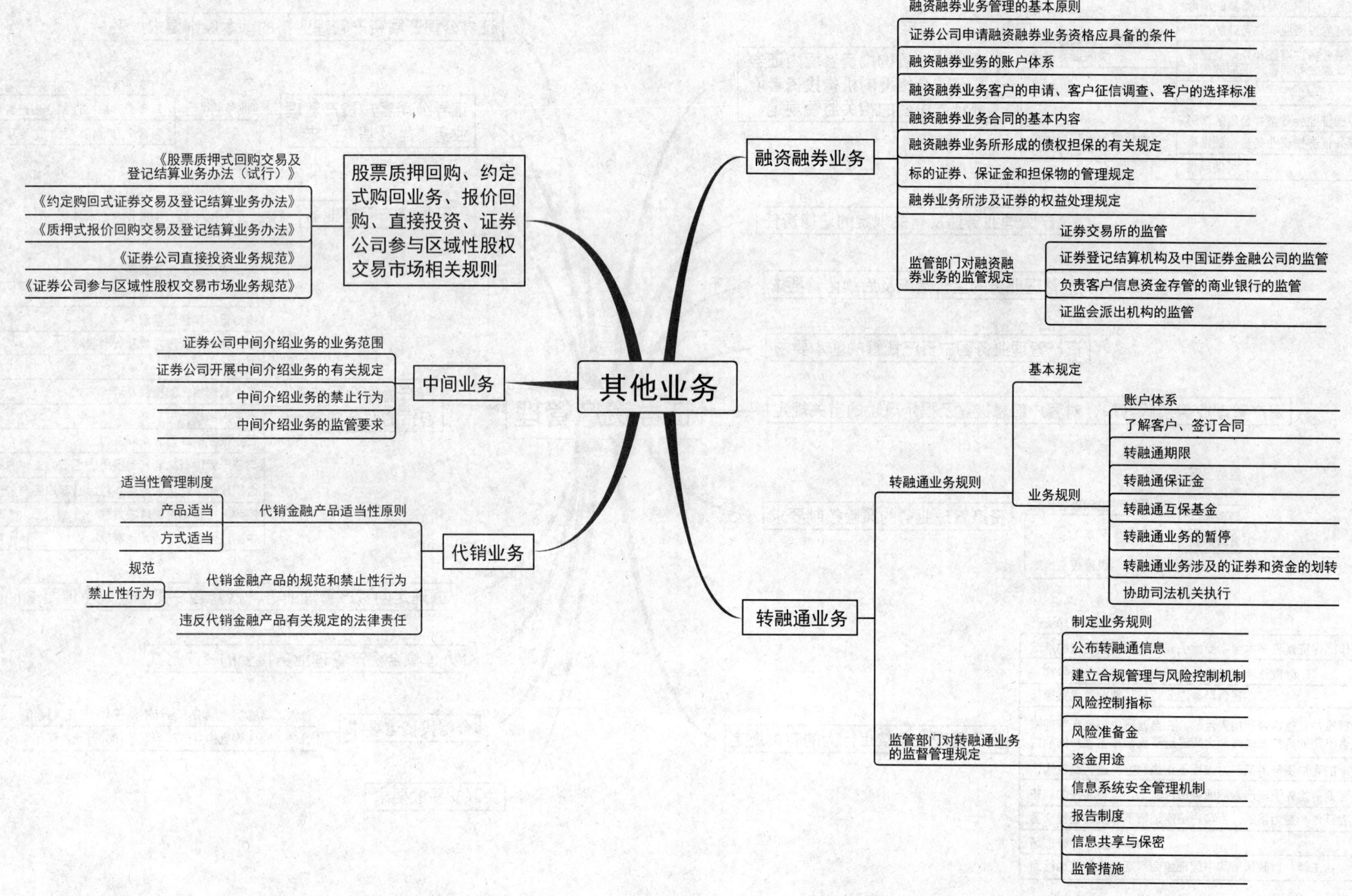

第四章 证券市场典型违法违规行为及法律责任

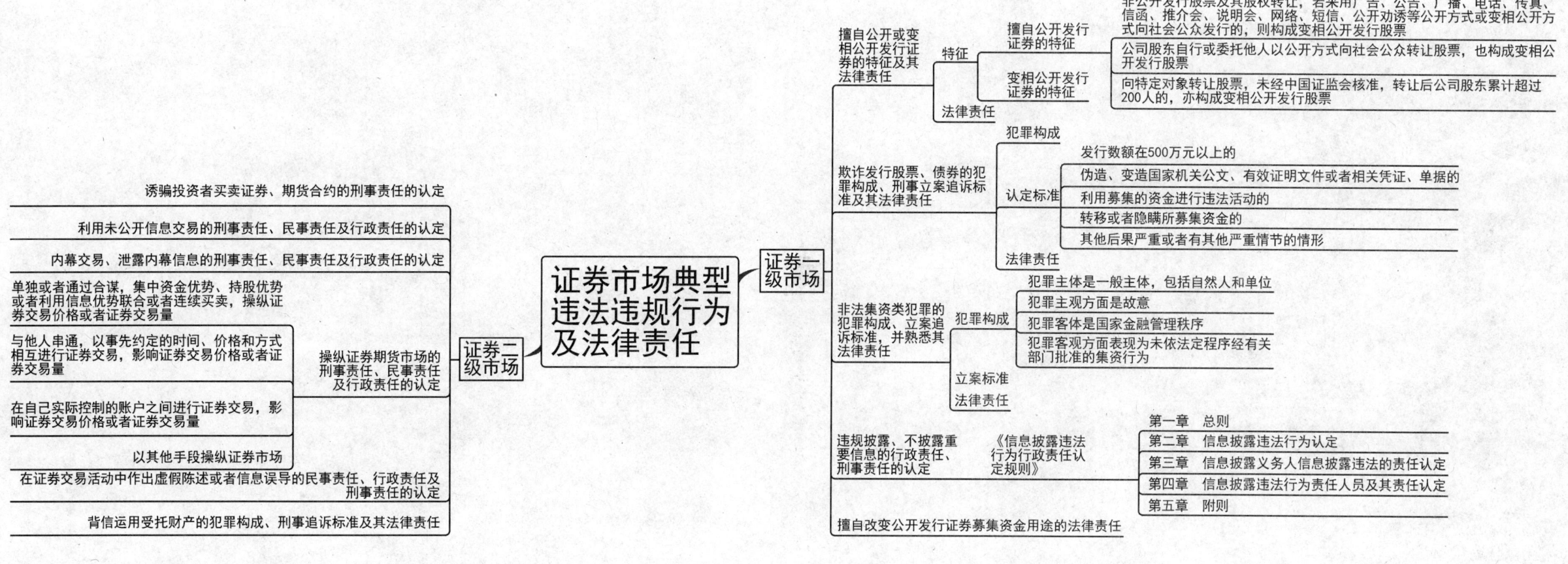

热题库使用说明

热题库设计模型:

欢迎大家使用热题库学习软件,这套软件是全国资格认证考试热题库编委会通过十余年的知识沉淀与经验积累而总结出的一套适用万千考生的学习方法。热题库中的考点和试题均由资深专业教师依据最新考试大纲要求进行编写,同时融入了历年考试真题,在保证试题质量及时效性的基础上,通过经典有效的考点挂习题形式对考点知识进行全方位覆盖,帮助考生逐一击破考试重点、难点及易错点,也因此被众多考生喻为"考试神器"。

- ✓ **新题练习**:以最新大纲要求为主线,为考生提供最新最全的应试题目。
- ✓ **热题研习**:通过对错比率来划分热度,热度越高,题目越精。
- ✓ **熟题重温**:重温做过的题目,加深对知识点的理解与应用。
- ✓ **错题重做**:对做错的题目重新作答,找到薄弱环节,逐个击破。
- ✓ **机编模拟**:按命题思路进行组卷,通过自测,把握考试重点,主攻薄弱环节。
- ✓ **典型试卷**:全国资格认证考试热题库编委会精心编排,囊括重点难点,保质保量。

1. 主页面

热题库主页面上部分为考试科目名称、考生信息及考生学习情况,具体包括:考生头像、微信昵称、积分、新题总数、错题总数、熟题总数、勤奋/排名。

热题库主页面下部分为六大经典模块,分别是:新题练习、热题研习、熟题重温、错题重做、机编模拟、典型试卷。其中,新题练习、熟题重温、机编模拟为免费模块,热题研习、错题重做、典型试卷为收费模块。

- **积分**:用你的积分可换取试题提问机会。
- **新题**:提醒你,你还有多少道试题未做。
- **头像**:点击头像,进入个人中心,查看你的资考信息。
- **错题**:警告你,你已经做错这些数量的试题。
- **熟题**:恭喜你,你成功答对这些数量的试题。
- **勤奋/排名**:查看你在热题库中的江湖排名。

2.

新题中的题目按章节分类,点击章进入节列表,点击节进入考点列表,点击考点进入考点学习,此模块考生可免费使用;

考点中记录详细考点内容及解析,同时记录考点学习人数,点击章、节、考点右侧按钮直接进入答题页面;

考生选择选项后点击"上一题"、"下一题"默认提交答案;点击"查看答案"选项后,将不可再次更改答案;没有选择答案却点击"查看答案"选项后,本题按做错处理。

点击查看答案后,详细展示本题正确答案,正确率,考生选择,易错选项,被答次数。

3.

- **考点**:点击考点进入考点详情页面进行学习,并记录考点学习人数。
- **我要提问**:考生在答题过程中遇到疑难问题可以使用"我要提问"进行悬赏积分提问。
- **反馈**:考生对有疑问的题目进行错误反馈,老师会在第一时间对题目进行校验。
- **笔记**:在学习过程中记录重点难点题目,方便日后学习。

4. 熟题重温

在其他模块中做对的题目都会进入"熟题重温"中,帮助考生分出已经掌握的题目,节省复习时间。

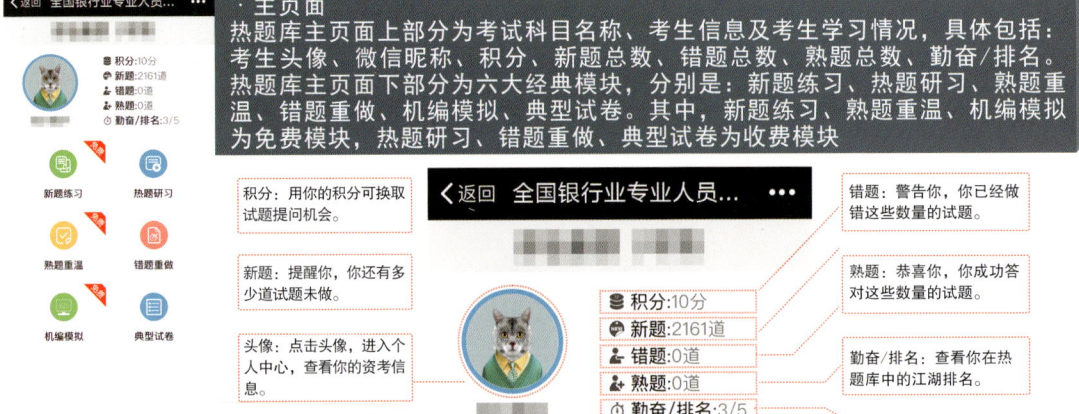

5. 机编模拟

分为易、中、难三个梯度,考生可以结合自身对知识点掌握的熟练程度自主选择。易,模拟试卷的题目源于"熟题重温";中,模拟试卷的题目源于"热题研习";难,模拟试卷的题目源于"错题重做",所有试卷都是随机生成。此模块可以帮助考生快速查缺补漏。

6. 热题研习

大数据筛选,根据所有考生答题情况对每一道题目进行正确率统计,并按照正确率进行热度划分,考生可以借助他人的经验筛选题目,此模块特别适用于考试临近而又没有时间复习的考生。

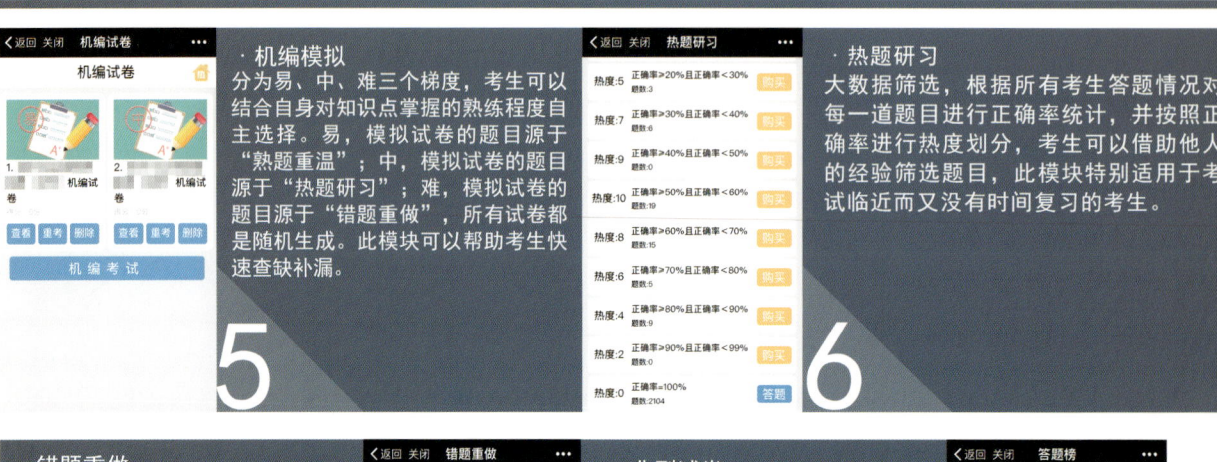

7. 错题重做

在"新题练习"、"热题研习"、"熟题重温"中做错的题目会进入到这个模块,所有错题按照时间倒序显示,距离当前时间越久越先显示,并且同一道错题需要连续做对三次才能进入到"熟题重温"中,错题的抗遗忘曲线法帮助考生真正掌握每一个考点。

8. 典型试卷

"典型试卷"是由全国资格认证考试热题库编委会精心编写的冲刺试卷,帮助考生在考前冲刺使用,此模块的重要性不言自明。

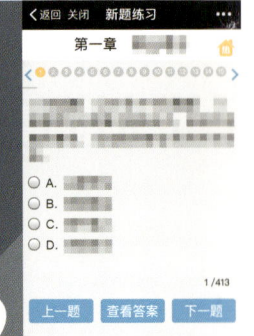

9. 个人中心

点击头像进入个人中心,在个人中心详细展示考生复习情况,根据考生学习进度及学习成果生成评估报告,并且可以根据做题量及正确率进行平台排名,促进考生学习欲望。日志、排行榜、复习进度、评估报告从不同角度记录考生学习进度,帮助考生直观地了解复习情况。对于有疑问的问题和重点问题可以选择笔记记录或者使用积分悬赏进行提问;有能力的考生也可以对其他考生的提问进行解答,赚取积分的同时增强考生之间的互动性。

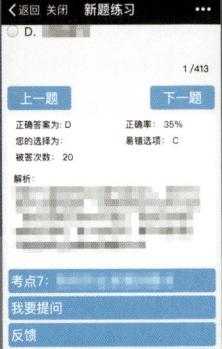

10. 功能

- **日志**:记录考生每天的复习情况、做题总数、错题总数、正确率,方便考生安排复习计划。
- **排行榜**:对所有参加考试的考生答题情况进行排名,知己知彼百战不殆。
- **复习进度**:把每科考试按照章节划分查漏补缺,哪里没学学哪里。
- **评估报告**:根据考生做题情况进行图表展示,让考生更直观地了解复习情况。
- **笔记题目**:重点难点问题反复学习,记录上次学习知识盲点,温故而知新。
- **我的提问**:考生对有疑问的问题进行提问,快速找到解决和学习办法。
- **我的回答**:考生之间的互动,帮助别人的同时加深自己对知识点的理解,同时赚取积分。
- **已购买的热题**:热题快速进入渠道,直接答题告别繁琐。
- **已购买的错题**:错题快速进入渠道,直接答题告别繁琐。
- **已购买的典型试卷**:典型试卷快速进入渠道,直接答题告别繁琐。

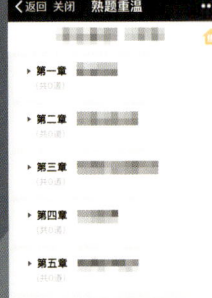

全国证券从业人员执业资格考试热题库

《证券市场基本法律法规》模拟试卷（一）

一、单项选择题（共 50 题，每小题 1 分，共 50 分。以下备选项中只有一项符合题目要求，不选、错选均不得分）

1. 《企业债券管理条例》属于（　　）层级的规定。
   A. 法律　　　　　　B. 行政法规　　　　C. 部门规章　　　　D. 自律管理规则

2. 某股份有限公司于 2012 年 1 月成立，公司股票于 2013 年 3 月上市交易，该公司关于股份转让的做法不符合《公司法》规定的是（　　）。
   A. 发起人张某于 2014 年 4 月将持有的公司股份转让给其他人
   B. 股东赵某于 2012 年 10 月认购了甲公司增发的股份，并于 2014 年 2 月将其转让
   C. 公司经理王某于 2014 年 3 月离职，并于 2014 年 10 月将其持有的甲公司股份转让
   D. 董事李某于 2014 年 4～12 月期间转让的公司股份是其所持有甲公司股份总数的 20%

3. 股份有限公司的财务会计报告应当在召开股东大会年会的（　　）前置备于本公司。
   A. 10 日　　　　　B. 15 日　　　　　C. 20 日　　　　　D. 25 日

4. 甲公司的分公司在其经营范围内以自己的名义对外签订了一份货物买卖合同，根据公司法的规定，关于该合同的效力及其责任承担的表述中，正确的是（　　）。
   A. 该合同有效，其民事责任由分公司承担
   B. 该合同有效，其民事责任由甲公司承担
   C. 该合同无效，甲公司和分公司均不承担民事责任
   D. 该合同有效，其民事责任由分公司承担，甲公司负补充责任

5. 有限责任公司股东查阅会计账簿必须遵守的要求有（　　）。
   A. 向公司提出书面请求，说明目的　　　B. 向股东大会或董事会提出申请
   C. 委托会计师事务所提出申请　　　　　D. 向法院得出申请

6. 单独或合计持有股份有限公司（　　）以上股份的股东，有权向股东大会提出临时提案。
   A. 15%　　　　　B. 10%　　　　　C. 5%　　　　　D. 3%

7. 在中华人民共和国境内，（　　）和国务院依法认定的其他证券的发行和交易，适用《证券法》。
   A. 股票、政府债券　　　　　　　　　　B. 股票、公司债券
   C. 股票、商业票据　　　　　　　　　　D. 政府债券、证券投资基金

8. 公开发行公司债券筹集的资金可用于（　　）。
   A. 核准之外的用途　　　　　　　　　　B. 非生产性支出

C. 生产性支出 D. 弥补亏损

9. 关于上市公司收购，下列说法不正确的是（　）。
   A. 收购要约约定的收购期限应当在 30 日至 60 日期间
   B. 在上市公司收购中，收购人持有的被收购的上市公司股票，在收购完成后的 3 个月内不得转让
   C. 收购上市公司中由国家授权投资的机构持有的股份，应当按照国务院的规定，经有关主管部门批准
   D. 收购行为完成后，收购人应当在 30 日内将收购情况报告国务院证券监督管理机构和证券交易所，并予公告

10. 证券市场的"三公"原则是指（　）。
    A. 公开、公平、公正　　　　　B. 公开、公信、公正
    C. 公开、公平、公信　　　　　D. 公信、公平、公正

11. 担任非公开募集基金的（　），应当按照规定向基金行业协会履行登记手续，报送基本情况。
    A. 基金托管人　　　　　　　　B. 基金管理人
    C. 基金销售机构　　　　　　　D. 基金份额登记机构

12. 基金管理人由于被依法宣告破产进行清算的，基金管理人（　）。
    A. 可以将基金财产转让于债权人
    B. 可以将基金财产归入其清算财产
    C. 不得将基金财产混入其清算财产
    D. 可以直接处置基金财产用于偿还其债务

13. 期货公司接受客户委托为其进行期货交易，应当事先向客户出示（　），经客户签字确认后，与客户签订书面合同。
    A. 交易费用说明书　　　　　　B. 交易规则说明书
    C. 交易种类清单　　　　　　　D. 风险说明书

14. 期货公司_____为其股东、实际控制人或者其他关联人提供融资，_____对外担保。（　）
    A. 不得；可以　　B. 可以；可以　　C. 不得；不得　　D. 可以；不得

15. 证券公司办理证券客户交易结算资金存放的指定商业银行名单，应由（　）确定并公告。
    A. 中国人民银行
    B. 国务院证券监督管理机构
    C. 国务院银行监督管理机构
    D. 国务院证券监督管理机构会同国务院银行业监督管理机构

16. 证券公司（　）以证券经纪客户或者证券资产管理客户的资产向他人提供融资或者担保。
    A. 可以　　　　　　　　　　　B. 不得
    C. 经报批后可以　　　　　　　D. 经客户同意后可以

17. 投资顾问申请人提交执业注册申请时，应同时提交的书面材料有（　　）。
    A. 执业注册申请表、身份证复印件、学历证书复印件、具有一年以上证券业务或证券服务业务经历的工作证明
    B. 执业注册申请表、身份证复印件、未受过刑事处罚的证明，具有一年以上证券业务或证券服务业务经历的工作证明等
    C. 执业注册申请表、身份证复印件、学历证书复印件、未受过刑事处罚的证明，具有半年以上证券业务或证券服务业务经历的工作证明
    D. 执业注册申请表、身份证复印件、学历证书复印件、未受过刑事处罚的证明，具有二年以上证券业务或证券服务业务经历的工作证明

18. 被中国证监会依法吊销执业证书的人员，协会可在（　　）年内不受理其执业证书申请。
    A. 1　　　　　　B. 2　　　　　　C. 3　　　　　　D. 5

19. 以下关于证券从业人员执业行为的说法不正确的是（　　）。
    A. 从业人员应为客户推荐高收益的产品
    B. 从业人员应了解客户需求、财务状况及风险承受能力
    C. 从业人员应依照相应的业务规范和执业标准为客户提供专业服务
    D. 从业人员应充分揭示其推荐产品或服务涉及的责任、义务及相关风险

20. 以下关于证券公司代销金融产品的说法，错误的是（　　）。
    A. 禁止证券公司分支机构擅自代销金融产品
    B. 证券公司应当对所代销金融产品的风险状况进行评估，并划分风险等级，确定适合购买的客户类型和范围
    C. 委托人明确约定购买人范围的，为委托人利益，证券公司可以超出委托人确定的购买人范围销售金融产品
    D. 证券公司可以代销在境内发行，并经国家有关部门或者其授权机构批准或者备案的各类金融产品，法律、行政法规和国家有关部门禁止代销的除外

21. 根据《证券市场禁入规定》，以下说法不正确的是（　　）。
    A. 行为恶劣、严重扰乱证券市场秩序，严重损害投资者利益或者在重大违法活动中起主要作用等情节较为严重的，可以对有关责任人员采取5至10年的证券市场禁入措施
    B. 被中国证监会采取证券市场禁止入措施的人员，在禁入期间内，不得继续在原机构从事证券业务或者担任原上市公司董事、监事、高级管理人员职务
    C. 违反法律、行政法规或者中国证监会有关规定，情节严重的，可以对有关责任人员采取3至5年的证券市场禁入措施
    D. 被中国证监会采取证券市场禁入措施的人员，可在其他证券公司中从事证券相关业务

22. 根据《中国证券登记结算有限责任公司证券账户管理规则》，经证券公司确认归属同一投资者的一码通账户与子账户建立关联关系的前提是（　　）项目必须相同。
    A. 投资者姓名或名称、联系电话

B. 投资者姓名或名称、联系地址
C. 投资者姓名或名称、联系电话、联系地址
D. 投资者姓名或名称、有效身份证明文件类型及号码

23. 下列有关证券账户的表述，正确的是（   ）。
    A. 证券公司无需审核投资者与身份证明文件的人证一致性
    B. 证券公司只能在经营场所内为投资者现场办理证券账户业务
    C. 投资者可将本人证券账户借给好友使用
    D. 投资者开立证券账户应当向证券登记结算机构提出申请

24. 根据《关于加强证券经纪业务管理的规定》中客户资产保护相关规定，以下说法正确的是（   ）。
    A. 证券公司基本确认盗买盗卖等异常交易行为的，无需采取措施控制资产
    B. 发现盗买盗卖等异常交易行为疑点时，证券公司应当及时通知客户并核实确认、留存证据
    C. 证券监管部门对客户账户进行调查时，为保护客户资料，证券公司应该拒绝提供客户资料
    D. 证券交易所对客户异常交易行为进行调查时，为保护客户资料，证券公司应该拒绝提供客户资料

25. 中国证券业协会是证券业自律组织，是（   ）。
    A. 非法人单位   B. 社会团体法人
    C. 中国证监会的下属机构   D. 不以营利为目的的国有独资企业

26. 根据《发布证券研究报告暂行规定》，发布证券研究报告相关业务档案的保存期限自证券研究报告发布之日起不得少于（   ）年。
    A. 15   B. 10   C. 5   D. 3

27. 关于不得从事面向公众开展证券投资咨询业务的情形，以下表述正确的是（   ）。
    A. 受托投资管理等业务部门的专业人员离岗后的二个月内
    B. 自营部门的专业人员离岗后的三个月内
    C. 财务顾问部门的专业人员在离岗后六个月内
    D. 投资银行部门的专业人员离岗后的八个月内

28. 向投资者销售或者提供"荐股软件"，并直接或者间接获取经济利益的，属于从事（   ）。
    A. 一般证券业务   B. 证券经纪业务
    C. 承销与保荐业务   D. 证券投资咨询业务

29. 证券公司持有或者通过协议，其他安排与他人共同持有上市公司股份达到或者超过（   ），或者选派代表担任上市公司董事的，不得担任该上市公司的独立财务顾问。
    A. 3%   B. 5%   C. 8%   D. 10%

30. 上市公司并购重组顾问的职责不包括（   ）。
    A. 向中国证监会报送有关并购重组的申报材料

B. 对委托人进行证券市场规范化运作的辅导
C. 持续督导委托人依法履行相关义务
D. 就并购重组事项出具盈利预测报告

31. 独立财务顾问对实施重大资产重组的上市公司的持续督导期间，应当不少于（ ）个会计年度。
    A. 1   B. 2   C. 3   D. 4

32. 持续督导工作结束后，保荐机构应当向证券交易所报送（ ）。
    A. 保荐机构和相关保荐代表人已经中国证监会注册登记并列入保荐机构和保荐代表人名单的证明文件
    B. 保荐总结报告书
    C. 上市保荐书
    D. 保荐协议

33. 根据《首次公开发行股票并在创业板上市管理办法》，发行人的发行申请文件和信息披露文件存在自相矛盾或者同一事实表述不一致且有实质性差异的，中国证监会将（ ）并自确认之日起12个月内不受理相关保荐代表人推荐的发行申请。
    A. 口头警告   B. 监管谈话   C. 中止审核   D. 终止审核

34. 证券承销机构承销未经核准擅自公开发行的公司债券，中国证监会可以采取（ ）个月暂不受理其证券承销业务有关文件等监管措施。
    A. 6至12   B. 12至24   C. 12至36   D. 24至36

35. 根据《证券发行与承销管理办法》，承销商应当保留推介、定价、配售等承销过程中的相关资料，如：推介宣传资料、路演现场录音等，至少保留（ ）年并存档备查，如实、全面反映询价、定价和配售过程。
    A. 七   B. 五   C. 三   D. 二

36. 根据《证券法》规定，申请公司债券上市交易，不需要向证券交易所报送（ ）。
    A. 公司章程   B. 公司营业执照
    C. 公司债券使用管理办法   D. 申请公司债券上市的董事会决议

37. 公司在依法向有关主管部门提供的财务会计报告等材料上作虚假记录或者隐瞒重要事实的，由有关主管部门对直接负责的主管人员和其他直接责任人员处以（ ）的罚款。
    A. 一万元以上十万元以下   B. 三万元以上三十万元以下
    C. 五万元以上五十万元以下 D. 二十万元以下

38. 根据《证券公司风险控制指标管理办法》，证券公司经营证券自营业务的，持有一种权益类证券的成本不得超过（ ）的30%。
    A. 净资本   B. 总资产   C. 总股本   D. 资产

39. 证券公司可以设立（ ），从事《证券公司证券自营投资品种清单》所列品种以外的金融产品等投资。
    A. 自营业务部门 B. 子公司   C. 营业部   D. 分公司

40. 证券公司从事证券自营业务，未按照规定将证券自营账户报证券交易所备案的，责令改正，给予警告，没收违法所得，并处以违法所得（　　）的罚款。
   A. 5倍以上10倍以下　　　　　　　B. 1倍以上10倍以下
   C. 1倍以上5倍以下　　　　　　　 D. 1倍以上3倍以下

41. 关于集合资产管理业务，下列表述错误的是（　　）。
   A. 委托资产不限于货币资金形式的资产
   B. 单个客户参与金额不低于100万元人民币
   C. 同一种类的集合资产管理计划份额，享有同等权益，承担同等风险
   D. 集合资产管理计划设定为均等份额，并可以根据风险收益特征划分为不同种类

42. 证券公司因违法经营或者有关财务指标不符合中国证监会的规定，被中国证监会暂停资产管理业务的，应当（　　）。
   A. 停止资产管理活动
   B. 注销资产管理专用账户
   C. 在暂停期间不得签订新的资产管理合同
   D. 将客户账户内的全部资产交托客户自行管理

43. 关于合格境外机构投资者境内证券投资申请条件及审批程序，下列表述错误的是（　　）。
   A. 申请人有健全的治理结构和完善的内控制度，经营行为规范，近3年未受到监管机构的重大处罚
   B. 申请合格投资者资格和投资额度，申请人可以通过托管人分别向中国证监会和国家外汇局报送文件
   C. 申请人所在国家或者地区有完善的法律和监管制度，其证券监管机构已与中国证监会签订监管合作谅解备忘录，并保持着有效的监管合作关系
   D. 申请人应当在取得证券投资业务许可证之日起两年内，通过托管人同国家外汇管理局提出投资额度申请

44. 用于记录证券公司持有的拟向客户融出的证券和客户归还的证券为（　　），该账户不得用于证券买卖。
   A. 融资融券专用证券账户　　　　　B. 客户信用交易担保资金账户
   C. 融券专用证券账户　　　　　　　D. 客户信用交易担保证券账户

45. 在融资融券交易中，客户融入证券后、归还证券前，证券发行人向原股东配售股份的，融券客户应当按照以下（　　）方式处理。
   A. 融券客户必须用自有资金行使认购权，并享有配售股份的所有权
   B. 融券客户必须用自有资金行使认购权，配售股份归证券公司所有
   C. 由证券公司和融券客户根据双方约定处理
   D. 融券客户不得行使配售权

46. 充抵融资融券保证金的有价证券，在计算保证金金额时，应当以证券市值按一定折算率进行折算，其中深证100指数成份股股票的折算率最高不超过（　　）。
   A. 60%　　　　B. 70%　　　　C. 80%　　　　D. 90%

47. 证券公司申请期货交易中间介绍业务资格时，（　　）必须配备具有期货从业人员资格的业务人员。
    A. 仅公司总部
    B. 仅拟开展介绍业务的营业部
    C. 公司总部和拟开展介绍业务的营业部
    D. 公司总部或拟开展介绍业务的营业部

48. 关于证券公司是否可以代理客户进行期货买卖的表述，以下说法正确的是（　　）。
    A. 可以直接代理客户进行期货买卖，但需要在中国证券业协会备案
    B. 可以直接代理客户进行期货买卖，但需要经中国证监会批准
    C. 可以直接代理客户进行期货买卖，且需要经过审批或备案
    D. 不能直接代理客户进行期货买卖

49. 下列（　　）属于《证券法》对证券公司承销或者代理买卖未经核准擅自公开发行证券的处罚措施。
    A. 给投资者造成损失的，应当与发行人承担按份额赔偿责任
    B. 没收违法所得，并处以违法所得二倍以上五倍以下的罚款
    C. 对直接负责的主管人员和其他直接责任人处以三万元以上十万元以下的罚款
    D. 对直接负责的主管人员和其他直接责任人给予警告并撤销任职或证券从业资格

50. 下列行为可能构成背信运用受托财产罪的是（　　）。
    A. 小王将朋友存放在自己处的资金擅自用于股票投资
    B. A证券公司将客户委托资产投资于本公司发行证券并履行相关手续
    C. B证券公司为获取高额回报将客户交易资金1000万借给E公司
    D. F保险公司将客户缴纳的保险费用于证券投资

二、组合选择题（共50题，每小题1分，共50分。以下备选项中只有一项符合题目要求，不选、错选均不得分）

1. 我国现行的证券市场法律不包括（　　）。
   Ⅰ.《关于首次公开发行股票试行询价制度若干问题的通知》
   Ⅱ.《中华人民共和国证券法》
   Ⅲ.《中华人民共和国证券投资基金法》
   Ⅳ.《证券发行上市保荐制度暂行办法》
   A. Ⅰ、Ⅱ　　　　B. Ⅰ、Ⅳ　　　　C. Ⅱ、Ⅲ　　　　D. Ⅲ、Ⅳ

2. 李某是甲股份有限公司的股东之一，2014年12月3日，甲公司召开临时董事会并通过一项决议，下列（　　）情况下，李某可以在一定期限内请求人民法院撤销该决议。
   Ⅰ. 此次临时董事会是由公司1/4的监事提议召开
   Ⅱ. 董事会通过的决议是公司的年度财务预算方案
   Ⅲ. 1/3的董事出席了会议
   Ⅳ. 李某认为该董事会决议对自身不利

  A. Ⅱ、Ⅲ、Ⅳ B. Ⅰ、Ⅲ、Ⅳ C. Ⅰ、Ⅳ D. Ⅰ、Ⅲ

3. 公司聘用、解聘承办公司审计业务的会计师事务所，依照公司章程的规定，由（ ）决定。

  Ⅰ. 股东（大）会   Ⅱ. 董事会

  Ⅲ. 监事会   Ⅳ. 审计委员会

  A. Ⅱ、Ⅳ B. Ⅱ、Ⅲ C. Ⅰ、Ⅳ D. Ⅰ、Ⅱ

4. 甲公司与乙公司计划合并成立丙公司，双方于2013年12月1日签订合并协议。在合并过程中，下列做法正确的有（ ）。

  Ⅰ. 双方编制资产负债表及财产清单

  Ⅱ. 甲公司将合并事宜于2013年12月9日通知其债权人

  Ⅲ. 乙公司于2014年1月13日在报纸上公告合并事宜

  Ⅳ. 甲公司债权人丁公司在2013年12月12日收到甲公司的通知，在2014年1月10日向甲公司要求清偿债务

  A. Ⅱ、Ⅲ、Ⅳ B. Ⅰ、Ⅱ、Ⅲ、Ⅳ C. Ⅰ、Ⅱ、Ⅳ D. Ⅰ、Ⅱ、Ⅲ

5. 我国《公司法》规定的公司特征包括（ ）。

  Ⅰ. 依法设立   Ⅱ. 在中国境内设立

  Ⅲ. 可以是有限责任公司 Ⅳ. 可以是全民所有制企业

  A. Ⅰ、Ⅱ、Ⅳ B. Ⅰ、Ⅳ C. Ⅰ、Ⅱ、Ⅲ D. Ⅰ、Ⅱ

6. 通过证券交易所的证券交易，投资者持有或者通过协议、其他安排与他人共同持有一个上市公司已发行的股份达到_____时，应当在该事实发生之日起_____内，向国务院证券监督管理机构、证券交易所作出书面报告，通知该上市公司，并予公告。

  Ⅰ. 5% Ⅱ. 10% Ⅲ. 3日 Ⅳ. 5日

  A. Ⅰ、Ⅲ B. Ⅰ、Ⅳ C. Ⅱ、Ⅲ D. Ⅱ、Ⅳ

7. 证券的发行、交易活动，必须遵守法律、行政法规，禁止（ ）的行为。

  Ⅰ. 发布盈利预测信息 Ⅱ. 欺诈

  Ⅲ. 内幕交易   Ⅳ. 操纵证券市场

  A. Ⅰ、Ⅱ、Ⅲ B. Ⅰ、Ⅱ、Ⅳ C. Ⅰ、Ⅲ、Ⅳ D. Ⅱ、Ⅲ、Ⅳ

8. 承销股票的承销团应当由（ ）组成。

  Ⅰ. 主承销的证券公司 Ⅱ. 参与承销的证券公司

  Ⅲ. 证券投资咨询机构 Ⅳ. 做市商

  A. Ⅰ、Ⅱ B. Ⅰ、Ⅲ C. Ⅰ、Ⅳ D. Ⅱ、Ⅳ

9. 基金托管人应当履行的职责包括（ ）。

  Ⅰ. 安全保管基金财产

  Ⅱ. 按照基金合同的约定，根据基金管理人的投资指令，及时办理清算、交割事宜

  Ⅲ. 定期召集基金份额持有人大会

  Ⅳ. 复核、审查基金管理人计算的基金资产净值和基金份额申购、赎回价格

  A. Ⅱ、Ⅲ、Ⅳ B. Ⅰ、Ⅲ、Ⅳ C. Ⅰ、Ⅱ、Ⅳ D. Ⅰ、Ⅱ、Ⅲ

10. 根据《期货交易管理条例》规定，会计师事务所、律师事务所未勤勉尽责，所出具的文件有虚假记载、误导性陈述或者重大遗漏的，可以对上述会计师事务所、律师事务所采取的措施包括（　　）。
    Ⅰ．责令改正
    Ⅱ．没收业务收入
    Ⅲ．并处业务收入一倍以上五倍以下罚款
    Ⅳ．吊销营业执照
    A．Ⅰ、Ⅱ、Ⅲ　　B．Ⅰ、Ⅱ、Ⅳ　　C．Ⅰ、Ⅲ、Ⅳ　　D．Ⅱ、Ⅲ、Ⅳ

11. 下列（　　）机构之间应当建立证券公司的有关情况通报机制。
    Ⅰ．国务院证券监督管理机构　　Ⅱ．中国人民银行
    Ⅲ．地方人民政府　　Ⅳ．登记结算中心
    A．Ⅱ、Ⅲ、Ⅳ　　B．Ⅰ、Ⅱ、Ⅲ　　C．Ⅰ、Ⅱ　　D．Ⅰ、Ⅱ

12. 国务院证券监督管理机构可以要求下列（　　）单位或者个人，在指定的期限内提供与证券公司经营管理和财务状况有关的资料、信息。
    Ⅰ．证券公司的开户银行、指定商业银行、资产托管机构
    Ⅱ．证券交易所
    Ⅲ．证券登记结算机构
    Ⅳ．为证券公司提供服务的证券服务机构
    A．Ⅰ、Ⅱ、Ⅲ、Ⅳ　　　　　　B．Ⅱ、Ⅲ、Ⅳ
    C．Ⅰ、Ⅱ、Ⅲ　　　　　　　D．Ⅰ、Ⅳ

13. 根据《证券业从业人员资格管理实施细则》，机构从业人员资格管理员代表所在机构行使的职责包括（　　）。
    Ⅰ．协助协会的检查和调查　　Ⅱ．负责所在机构执业人员的备案事项
    Ⅲ．为所在机构人员提供相关咨询　　Ⅳ．保持与协会的日常联系
    A．Ⅰ、Ⅱ　　B．Ⅰ、Ⅲ、Ⅳ　　C．Ⅱ、Ⅲ、Ⅳ　　D．Ⅰ、Ⅱ、Ⅲ、Ⅳ

14. 下列人员不符合申请证券分析师资格条件的有（　　）。
    Ⅰ．李某仅具有高中学历
    Ⅱ．董某进入证券行业刚满一年
    Ⅲ．付某为美国国籍
    Ⅳ．侯某仅通过了证券从业资格考试一门科目
    A．Ⅰ、Ⅱ、Ⅲ　　B．Ⅰ、Ⅱ、Ⅳ　　C．Ⅲ、Ⅳ　　D．Ⅰ、Ⅱ、Ⅲ、Ⅳ

15. 中国证券业协会可注销从业人员执业证书的情形包括（　　）。
    Ⅰ．执业证书申请材料或年检材料弄虚作假的
    Ⅱ．未按规定完成后续职业培训的
    Ⅲ．不再符合执业证书取得条件的
    Ⅳ．未按规定参加年检的
    A．Ⅰ、Ⅲ　　B．Ⅱ、Ⅳ　　C．Ⅰ、Ⅳ　　D．Ⅰ、Ⅱ、Ⅲ、Ⅳ

16. 证券公司供销基金产品，下列哪种情形可被单处或者并处警告、三万元以下罚款

( )。
   Ⅰ.采取抽奖、回扣或者送实物、保险、基金份额等方式销售基金
   Ⅱ.承诺利用基金资产进行利益输送
   A. 只有Ⅰ符合　　　　　　　　　　B. 只有Ⅱ符合
   C. Ⅰ、Ⅱ都符合　　　　　　　　　D. Ⅰ、Ⅱ都不符合

17. 证券公司代销金融产品，证券公司应当与委托人签订书面代销合同。代销合同应当约定双方权利义务，并明确约定下列（　　）事项。
    Ⅰ.向客户进行信息披露、风险揭示以及后续服务的相关安排
    Ⅱ.受理客户咨询、查询、投诉的相关安排和后续处理机制
    Ⅲ.出现委托人对客户违约情况下的处置预案和应急安排
    Ⅳ.因金融产品设计、运营和委托人提供的信息不真实、不准确，不完整而产生的责任由委托人承担，证券公司不承担任何担保责任
    A. Ⅰ、Ⅱ、Ⅲ　　B. Ⅰ、Ⅲ、Ⅳ　　C. Ⅱ、Ⅲ、Ⅳ　　D. Ⅰ、Ⅱ、Ⅲ、Ⅳ

18. 以下证券经纪业务活动不符合规定的是（　　）。
    Ⅰ.向客户传递由证券公司统一提供的研究报告
    Ⅱ.私下向客户建议买入某证券
    Ⅲ.私下承诺客户投资保收益
    Ⅳ.私下向客户承诺赔偿投资损失
    A. Ⅰ、Ⅱ　　B. Ⅰ、Ⅲ　　C. Ⅱ、Ⅲ、Ⅳ　　D. Ⅰ、Ⅱ、Ⅲ、Ⅳ

19. 证券经纪业务运营管理的主要内容包括（　　）。
    Ⅰ.账户管理（包括证券账户和资金账户管理）
    Ⅱ.证券委托买卖
    Ⅲ.清算交割
    Ⅳ.投资者教育与适当性管理
    A. Ⅰ、Ⅱ、Ⅲ、Ⅳ　　　　　　　　B. Ⅰ、Ⅱ、Ⅳ
    C. Ⅲ、Ⅳ　　　　　　　　　　　　D. Ⅰ、Ⅱ、Ⅲ

20. 根据《关于加强证券经纪业务管理的规定》，证券公司应当建立健全适当性管理制度，下列表述错误的是（　　）。
    Ⅰ.证券公司可事后告知客户所提供服务或销售产品的风险特征
    Ⅱ.证券公司认为某一服务或产品不适合某一客户的，应当将该情形提示客户，并由证券公司替客户选择是否接受该项服务或产品
    Ⅲ.证券公司认为某一服务或产品无法判断适当性的，应当提示客户，并由客户选择是否接受该项服务或产品
    Ⅳ.证券公司的提示和客户的选择应当记载、留存
    A. Ⅰ、Ⅲ、Ⅳ　　B. Ⅲ、Ⅳ　　C. Ⅰ、Ⅱ、Ⅳ　　D. Ⅰ、Ⅱ

21. 金融机构对投资者适当性管理通常采用的方法有（　　）。
    Ⅰ.承诺收益　　Ⅱ.产品风险评估　　Ⅲ.充分披露　　Ⅳ.客户调查问卷
    A. Ⅰ、Ⅱ、Ⅲ　　B. Ⅰ、Ⅱ、Ⅳ　　C. Ⅱ、Ⅲ、Ⅳ　　D. Ⅰ、Ⅱ、Ⅲ、Ⅳ

22. 证券研究报告的功能主要有（　　）。
    Ⅰ. 为客户提供证券估值分析意见　　　Ⅱ. 是券商维护客户的重要手段
    Ⅲ. 为客户提供投资评级分析意见　　　Ⅳ. 为投资顾问提供支持
    A. Ⅰ、Ⅱ、Ⅲ、Ⅳ　　　　　　　　　　B. Ⅱ、Ⅲ、Ⅳ
    C. Ⅰ、Ⅱ、Ⅳ　　　　　　　　　　　　D. Ⅰ、Ⅱ、Ⅲ

23. 客户到指定商业银行营业网点办理指定商业银行确认手续时，客户需输入（　　）。
    Ⅰ. 证券交易密码　　　　　　　　　　Ⅱ. 通讯密码
    Ⅲ. 证券资金账户密码　　　　　　　　Ⅳ. 银行结算账户密码
    A. Ⅰ、Ⅱ　　　B. Ⅰ、Ⅲ　　　C. Ⅱ、Ⅳ　　　D. Ⅲ、Ⅳ

24. 投资咨询机构及其从业人员从事证券服务业务，不得（　　）。
    Ⅰ. 代理委托人从事证券投资
    Ⅱ. 买卖本咨询机构提供服务的上市公司股票
    Ⅲ. 利用传播媒介或者通过其他方式提供、传播虚假或者误导投资者的信息
    Ⅳ. 与委托人约定分享证券投资收益或者分担证券投资损失
    A. Ⅰ、Ⅱ、Ⅲ　　B. Ⅲ、Ⅳ　　C. Ⅰ、Ⅱ、Ⅳ　　D. Ⅰ、Ⅱ、Ⅲ、Ⅳ

25. 证券投资顾问服务和证券研究报告的共同点有（　　）。
    Ⅰ. 提供帮助投资者作出投资决策的证券价值分析意见
    Ⅱ. 提供帮助投资者作出投资决策的证券投资建议
    Ⅲ. 服务客户的重要手段
    Ⅳ. 代客户作出投资决策的重要手段
    A. Ⅰ、Ⅱ　　　B. Ⅰ、Ⅱ、Ⅲ　　　C. Ⅲ、Ⅳ　　　D. Ⅰ、Ⅱ、Ⅲ、Ⅳ

26. 证券投资顾问业务的基本原则包括（　　）。
    Ⅰ. 诚实信用　　Ⅱ. 守法合规　　Ⅲ. 忠实客户利益　　Ⅳ. 确保收益
    A. Ⅰ、Ⅱ　　B. Ⅱ、Ⅳ　　C. Ⅰ、Ⅱ、Ⅲ　　D. Ⅰ、Ⅲ、Ⅳ

27. 根据《上海证券交易所交易规则》规定，关于申报价格最小变动单位的说法中，正确的有（　　）。
    Ⅰ. 债券质押式回购交易为0.005元
    Ⅱ. A股、债券交易和债券买断式回购交易为0.01元人民币
    Ⅲ. B股交易为0.01港元
    Ⅳ. 基金、权证交易为0.001元人民币
    A. Ⅱ、Ⅲ、Ⅳ　　B. Ⅰ、Ⅱ、Ⅳ　　C. Ⅰ、Ⅳ　　D. Ⅰ、Ⅱ

28. 证券投资咨询机构利用"荐股软件"从事证券投资咨询业务，应在（　　）公示公司名称、住所、联系方式、投诉电话等信息。
    Ⅰ. 公司营业场所　　　　　　　　Ⅱ. 公司网站
    Ⅲ. 中国证券业协会网站　　　　　Ⅳ. 中国证监会
    A. Ⅰ、Ⅱ　　B. Ⅱ、Ⅳ　　C. Ⅲ、Ⅳ　　D. Ⅰ、Ⅱ、Ⅲ、Ⅳ

29. 根据《发布证券研究报告暂行规定》，证券公司，证券投资咨询机构发布证券研究报告，应当对发布的（　　）和审阅过程实行留痕管理。

Ⅰ.方式　　　Ⅱ.时间　　　Ⅲ.内容　　　Ⅳ.对象
A.Ⅰ、Ⅱ、Ⅲ　　B.Ⅲ、Ⅳ　　C.Ⅰ、Ⅱ、Ⅳ　　D.Ⅰ、Ⅱ、Ⅲ、Ⅳ

30. 根据《上市公司重大资产重组管理办法》，上市公司发行股份购买资产过程中发行股份的价格不得低于市场参考价的90%。市场参考价为本次发行股份购买资产的董事会决议公告日前（　　）的公司股票交易均价之一。
    Ⅰ.20个交易日　　　　　　　　　Ⅱ.30个交易日
    Ⅲ.60个交易日　　　　　　　　　Ⅳ.120个交易日
    A.Ⅰ、Ⅱ、Ⅲ　　B.Ⅰ、Ⅱ、Ⅳ　　C.Ⅰ、Ⅲ、Ⅳ　　D.Ⅱ、Ⅲ、Ⅳ

31. 申请证券、期货投资咨询从业资格的机构，应当具备下列（　　）条件。
    Ⅰ.有100万元人民币以上的注册资本
    Ⅱ.有固定的业务场所和与业务相适应的通讯及其他信息传递设施
    Ⅲ.有公司章程
    Ⅳ.有健全的内部管理制度
    A.Ⅰ、Ⅱ、Ⅲ　　B.Ⅲ、Ⅳ　　C.Ⅰ、Ⅱ、Ⅳ　　D.Ⅰ、Ⅱ、Ⅲ、Ⅳ

32. 根据《公司债券发行与交易管理办法》，发行人存在以下（　　）情形时，债券受托管理人应当召集债券持有人会议。
    Ⅰ.拟变更债券募集说明书的约定
    Ⅱ.拟变更债券受托管理人或受托管理协议的主要内容
    Ⅲ.发行人减资、合并、分立、解散或者申请破产
    Ⅳ.发行人、单独或合计持有本期债券总额10%以上的债券持有人书面提议召开
    A.Ⅰ、Ⅱ　　B.Ⅲ、Ⅳ　　C.Ⅱ、Ⅲ、Ⅳ　　D.Ⅰ、Ⅱ、Ⅲ、Ⅳ

33. 首次公开发行股票公告的发行价格（或发行价格区间上限）市盈率如果高于同行业上市公司二级市场平均市盈率，发行人和主承销商应当在披露发行价格的同时，在投资风险特别公告中明示该定价可能存在估值过高给投资者带来损失的风险，内容至少包括（　　）。
    Ⅰ.比较分析发行人与同行业上市公司的差异及该差异对估值的影响
    Ⅱ.提请投资者关注发行价格与网下投资者报价之间存在的差异
    Ⅲ.提请投资者关注发行价格与战略投资者报价之间存在的差异
    Ⅳ.提请投资者关注投资风险，审慎研判发行定价的合理性，理性做出投资决策
    A.Ⅰ、Ⅱ、Ⅲ　　B.Ⅰ、Ⅱ、Ⅳ　　C.Ⅰ、Ⅲ、Ⅳ　　D.Ⅱ、Ⅲ、Ⅳ

34. 根据《上市公司证券发行管理办法》的规定，上市公司收到中国证监会关于本次发行申请的（　　）决定后，应当在次一工作日予以公告。
    Ⅰ.不予受理　　Ⅱ.中止审查　　Ⅲ.不予核准　　Ⅳ.予以核准
    A.Ⅰ、Ⅱ、Ⅲ　　B.Ⅰ、Ⅲ、Ⅳ　　C.Ⅰ、Ⅱ、Ⅳ　　D.Ⅱ、Ⅲ、Ⅳ

35. 根据《首次公开发行股票承销业务规范》，承销商应当保留承销过程中的相关资料并存档备查，其中承销过程中的相关资料包括但不限于（　　）。
    Ⅰ.路演推介活动及询价过程中的推介或宣传材料，投资价值研究报告、路演记录、路演录音等

Ⅱ．定价与配售过程中的投资者报价信息、申购信息、获配信息（包括但不限于投资者名称、获配数量、证券账户号码及身份证明文件等）

Ⅲ．确定网下投资者条件、发行价格或发行价格区间、配售结果等的决策文件

Ⅳ．信息披露文件与申报备案文件

A．Ⅰ、Ⅲ　　　　B．Ⅰ、Ⅱ、Ⅳ　　　　C．Ⅱ、Ⅲ、Ⅳ　　　　D．Ⅰ、Ⅱ、Ⅲ、Ⅳ

36．首次公开发行的股票上市前，应当披露的文件包括（　　）。

Ⅰ．公司章程　　　　　　　　　Ⅱ．发行保荐书

Ⅲ．发行前的股份锁定情况的说明　　Ⅳ．法律意见书

A．Ⅰ、Ⅱ、Ⅲ　　　　B．Ⅰ、Ⅱ、Ⅳ　　　　C．Ⅱ、Ⅲ、Ⅳ　　　　D．Ⅰ、Ⅱ、Ⅲ、Ⅳ

37．首次公开发行股票网上发行过程中，以下表述正确的有（　　）。

Ⅰ．发行人和承销商必须在资金解冻后将确定的发行价格进行公告

Ⅱ．投资者上网申购期内，投资者一经申报，可以撤单，以最后一次申报作为有效申购

Ⅲ．发行人及其主承销商网下配售股票应当与网上发行同时进行

Ⅳ．网上发行时发行价格尚未确定的，参与网上发行的投资者应当按价格区间上限申购

A．Ⅲ、Ⅳ　　　　B．Ⅱ、Ⅳ　　　　C．Ⅱ、Ⅲ　　　　D．Ⅰ、Ⅱ

38．单独或者通过合谋，利用（　　）联合或者继续买卖，操纵证券交易价格或者证券交易量是《证券法》明确列示的操纵证券市场的手段。

Ⅰ．资金优势　　Ⅱ．持股优势　　Ⅲ．信息优势　　Ⅳ．地理优势

A．Ⅰ、Ⅱ、Ⅲ　　　　B．Ⅲ、Ⅳ　　　　C．Ⅰ、Ⅱ、Ⅳ　　　　D．Ⅰ、Ⅱ、Ⅲ、Ⅳ

39．下列人员可以成为利用未公开信息交易罪的犯罪主体是（　　）。

Ⅰ．证券公司从业人员　　　　Ⅱ．证券业协会工作人员

Ⅲ．商业银行从业人员　　　　Ⅳ．上市公司董监高

A．Ⅰ、Ⅱ、Ⅲ　　　　B．Ⅰ、Ⅱ、Ⅳ　　　　C．Ⅰ、Ⅲ、Ⅳ　　　　D．Ⅰ、Ⅱ、Ⅲ、Ⅳ

40．以下行为中，构成操纵证券、期货交易行为的有（　　）。

Ⅰ．编造并且传播影响证券、期货交易的虚假信息，扰乱证券、期货交易市场

Ⅱ．在自己实际控制的账户之间进行证券交易，或者以自己为交易对象，自买自卖期货合约，影响证券、期货交易价格或者证券、期货交易量

Ⅲ．与他人串通，以事先约定的时间、价格和方式相互进行证券、期货交易，影响证券期货交易价格或者证券、期货交易量

Ⅳ．单独或者合谋，集中资金优势、持股或者持仓优势或者利用信息优势联合或者连续买卖，操纵证券、期货交易或者证券、期货交易量

A．Ⅰ、Ⅱ、Ⅲ　　　　B．Ⅰ、Ⅲ、Ⅳ　　　　C．Ⅱ、Ⅲ、Ⅳ　　　　D．Ⅰ、Ⅱ、Ⅲ、Ⅳ

41．证券公司将其管理的客户资产投资于本公司及与本公司有关联方关系的公司发行的证券或承销期内承销的证券，或者从事其他重大关联交易的，应当做到（　　）。

Ⅰ．遵循客户利益优先原则　　　Ⅱ．防范利益冲突

Ⅲ．事先取得客户的同意　　　　Ⅳ．事后告知资产托管机构和客户

A. Ⅰ、Ⅱ　　　　B. Ⅰ、Ⅲ、Ⅳ　　　　C. Ⅱ、Ⅲ、Ⅳ　　　　D. Ⅰ、Ⅱ、Ⅲ、Ⅳ

42. 私募投资基金的投资范围包括（　　）。
    Ⅰ. 股票　　　　Ⅱ. 债券　　　　Ⅲ. 基金份额　　　　Ⅳ. 期货
    A. Ⅰ、Ⅳ　　　　B. Ⅰ、Ⅱ、Ⅲ　　　　C. Ⅱ、Ⅲ、Ⅳ　　　　D. Ⅰ、Ⅱ、Ⅲ、Ⅳ

43. 下列关于证券公司设立集合资产管理计划表述正确的是（　　）。
    Ⅰ. 根据客户情况推荐适当的资产管理计划
    Ⅱ. 明确界定集合资产管理计划推广范围
    Ⅲ. 客户应当具备相应的金融投资经验和风险承受能力
    Ⅳ. 客户应当对其资产来源及用途的合法性做出承诺
    A. Ⅰ、Ⅱ　　　　B. Ⅰ、Ⅲ、Ⅳ　　　　C. Ⅱ、Ⅲ、Ⅳ　　　　D. Ⅰ、Ⅱ、Ⅲ、Ⅳ

44. 证券公司办理资产管理业务，关于客户委托资产，下列表述错误的是（　　）。
    Ⅰ. 集合资产管理业务只能接受货币资金形式的资产
    Ⅱ. 定向资产管理只能接受货币资金形式的资产
    Ⅲ. 集合计划客户委托资产可以是现金、股票、债券
    Ⅳ. 定向资产管理客户委托资产限于客户合法持有的现金、股票、债券
    A. Ⅰ、Ⅱ　　　　B. Ⅰ、Ⅳ　　　　C. Ⅲ、Ⅳ　　　　D. Ⅱ、Ⅲ、Ⅳ

45. 在融资融券交易中，证券持有人对证券发行人的权利包括（　　）。
    Ⅰ. 请求召开证券持有人会议
    Ⅱ. 参加证券持有人会议、提案、表决
    Ⅲ. 请求分配投资收益
    A. Ⅰ、Ⅱ　　　　B. Ⅰ、Ⅲ　　　　C. Ⅱ、Ⅲ　　　　D. Ⅰ、Ⅱ、Ⅲ

46. 证券金融公司开展转融通业务，可以使用的资金和证券包括（　　）。
    Ⅰ. 自有资金和证券
    Ⅱ. 通过证券交易所的业务平台融入的资金和证券
    Ⅲ. 通过证券金融公司的业务平台融入的资金
    Ⅳ. 依法筹集的资金
    A. Ⅰ、Ⅱ　　　　B. Ⅰ、Ⅱ、Ⅲ　　　　C. Ⅰ、Ⅲ、Ⅳ　　　　D. Ⅰ、Ⅱ、Ⅲ、Ⅳ

47. 在证券公司中间介绍业务中，证券公司为期货公司介绍客户时，可以向客户（　　）。
    Ⅰ. 介绍业务委托关系　　　　Ⅱ. 解释期货交易流程
    Ⅲ. 承诺共担风险　　　　　　Ⅳ. 作获利保证
    A. Ⅰ、Ⅱ　　　　B. Ⅱ、Ⅲ　　　　C. Ⅱ、Ⅳ　　　　D. Ⅰ、Ⅱ、Ⅲ

48. 充抵保证金的有价证券，在计算保证金金额时应当以证券市值按（　　）进行折算。
    Ⅰ. 被实行特别处理和暂停上市的A股股票折算率为0
    Ⅱ. 国债的折算率最高不超过70%
    Ⅲ. 权证的折算率为0
    Ⅳ. 交易所交易型开放式指数基金折算率最高不超过90%

A. Ⅰ、Ⅱ、Ⅳ　　　B. Ⅰ、Ⅲ、Ⅳ　　　C. Ⅱ、Ⅲ、Ⅳ　　　D. Ⅰ、Ⅱ、Ⅲ、Ⅳ

49. 根据《证券法》的规定，下列关于发行人、上市公司擅自改变公开发行证券所募集资金的用途的，可采取的措施有（　　）。

　　Ⅰ. 责令改正
　　Ⅱ. 对直接负责的主管人员和其他直接负责人员给予警告并处以三万以上五万以下的罚款
　　Ⅲ. 发行人、上市公司的控股股东、实际控制人指使从事该违法行为，给予警告，并处以三十万元以上六十万元以下的罚款
　　Ⅳ. 中国证监会将视情节轻重，对相关机构和责任人员采取监管谈话、责令改正等监管措施

A. Ⅰ、Ⅱ　　　B. Ⅰ、Ⅲ　　　C. Ⅰ、Ⅳ　　　D. Ⅲ、Ⅳ

50. 下列属于诱骗投资者买卖证券、期货合约罪主体范围的是（　　）。

　　Ⅰ. 证券公司从业人员　　　　Ⅱ. 期货经纪公司从业人员
　　Ⅲ. 银行从业人员　　　　　　Ⅳ. 证券交易所从业人员

A. Ⅱ、Ⅲ、Ⅳ　　　B. Ⅰ、Ⅲ、Ⅳ　　　C. Ⅰ、Ⅱ、Ⅳ　　　D. Ⅰ、Ⅱ、Ⅲ

模拟试卷（一）参考答案及解析

一、单项选择题

1. 【答案】　B

【解析】我国证券市场法律法规体系包括：①由全国人民代表大会或全国人民代表大会常务委员会制定并颁布的法律，如《证券法》、《公司法》；②由国务院制定并颁布的行政法规，如《证券公司监督管理条例》、《企业债券管理条例》等；③由证券监管部门和相关部门制定的部门规章及规范性文件，如《证券发行与承销管理办法》；④由证券交易所、中国证券业协会及中国证券登记结算有限公司制定的自律性规则。

2. 【答案】　B

【解析】根据《公司法》第一百四十一条，发起人持有的本公司股份，自公司成立之日起一年内不得转让。公司公开发行股份前已发行的股份，自公司股票在证券交易所上市交易之日起一年内不得转让。公司董事、监事、高级管理人员应当向公司申报所持有的本公司的股份及其变动情况，在任职期间每年转让的股份不得超过其所持有本公司股份总数的25%；所持本公司股份自公司股票上市交易之日起一年内不得转让。上述人员离职后半年内，不得转让其所持有的本公司股份。公司章程可以对公司董事、监事、高级管理人员转让其所持有的本公司股份作出其他限制性规定。

3. 【答案】　C

【解析】有限责任公司应当依照公司章程规定的期限将财务会计报告送交各股东。股份有限公司的财务会计报告应当在召开股东大会年会的20日前置备于本公司，供股东查阅；公开发行股票的股份有限公司必须公告其财务会计报告。

4. 【答案】　B

【解析】根据《公司法》第十四条，分公司不具有法人资格，其民事责任由公司承担。

5.【答案】 A

【解析】根据《公司法》第三十三条，股东可以要求查阅公司会计账簿。股东要求查阅公司会计账簿的，应当向公司提出书面请求，说明目的。

6.【答案】 D

【解析】根据《公司法》第一百零二条，单独或者合计持有公司3%以上股份的股东，可以在股东大会召开10日前提出临时提案并书面提交董事会。

7.【答案】 B

【解析】根据《证券法》规定，在中华人民共和国境内，股票、公司债券和国务院依法认定的其他证券的发行和交易，适用本法；本法未规定的，适用《公司法》和其他法律、行政法规的规定。政府债券、证券投资基金份额的上市交易，适用本法；其他法律、行政法规另有规定的，适用其规定。证券衍生品种发行、交易的管理办法，由国务院依照本法的原则规定。

8.【答案】 C

【解析】《证券法》规定，公开发行公司债券筹集的资金，必须用于核准的用途，不得用于弥补亏损和非生产性支出。

9.【答案】 D

【解析】根据《证券法》第一百条，收购行为完成后，收购人应当在15日内将收购情况报告国务院证券监督管理机构和证券交易所，并予公告。

10.【答案】 A

【解析】根据《证券法》第三条，证券的发行、交易活动，必须实行公开、公平、公正的原则。证券市场的"三公"原则即指公开、公平、公正。

11.【答案】 B

【解析】《证券投资基金法》对非公开募集基金管理人的登记有如下规定：①担任非公开募集基金的基金管理人，应当按照规定向基金行业协会履行登记手续，报送基本情况；②未经登记，任何单位或者个人不得使用"基金"或者"基金管理"字样或者近似名称进行证券投资活动，但是，法律、行政法规另有规定的除外。

12.【答案】 C

【解析】基金管理人、基金托管人因依法解散、被依法撤销或者被依法宣告破产等原因进行清算的，基金财产不属于其清算财产。

13.【答案】 D

【解析】根据《期货交易管理条例》第二十四条，期货公司接受客户委托为其进行期货交易，应当事先向客户出示风险说明书，经客户签字确认后，与客户签订书面合同。期货公司不得未经客户委托或者不按照客户委托内容，擅自进行期货交易。期货公司不得向客户作获利保证；不得在经纪业务中与客户约定分享利益或者共担风险。

14.【答案】 C

【解析】根据《期货交易管理条例》第十七条，期货公司不得从事与期货业务无关的活动，法律、行政法规或者国务院期货监督管理机构另有规定的除外；期货公司不得从事或者变相从事期货自营业务；期货公司不得为其股东、实际控制人或者其他关联人提供融资，不得对外担保。

15．【答案】 D

【解析】根据《证券公司监督管理条例》的有关规定，客户的交易结算资金的存取，应当通过指定商业银行办理。指定商业银行应当保证客户能够随时查询客户的交易结算资金的余额及变动情况。指定商业银行的名单，由国务院证券监督管理机构会同国务院银行业监督管理机构确定并公告。

16．【答案】 B

【解析】根据《证券公司监督管理条例》第六十一条，证券公司不得以证券经纪客户或者证券资产管理客户的资产向他人提供融资或者担保。任何单位或者个人不得强令、指使、协助、接受证券公司以其证券经纪客户或者证券资产管理客户的资产提供融资或者担保。

17．【答案】 D

【解析】投资顾问申请人通过系统向证券公司、证券投资咨询机构提交执业注册申请时，应同时提交以下书面材料：①执业注册申请表；②身份证复印件；③学历证书复印件；④具有二年以上证券业务或证券服务业务经历的工作证明；⑤未受过刑事处罚的证明；⑥证券业协会规定的其他材料。证券公司、证券投资咨询机构应当妥善保管上述书面材料，以备证券业协会检查。

18．【答案】 C

【解析】根据《证券业从业人员资格管理办法》的规定，被中国证监会依法吊销执业证书或者因违反《资格管理办法》被中国证券业协会注销执业证书的人员，中国证券业协会可在3年内不受理其执业证书申请。

19．【答案】 A

【解析】根据《证券业从业人员执业行为准则》的规定，从业人员应依照相应的业务规范和执业标准为客户提供专业服务，了解客户需求、财务状况及风险承受能力，为客户推荐合适的产品或服务，充分揭示其推荐产品或服务涉及的责任、义务及相关风险，包括但不限于法律风险、政策风险、市场风险等。

20．【答案】 C

【解析】C项，证券公司向客户推介金融产品，应当了解客户的身份、财产和收入状况、金融知识和投资经验、投资目标、风险偏好等基本情况，评估其购买金融产品的适当性。委托人明确约定购买人范围的，证券公司不得超出委托人确定的购买人范围销售金融产品。

21．【答案】 D

【解析】D项，《证券市场禁入规定》第四条规定，被中国证监会采取证券市场禁入措施的人员，在禁入期间内，除不得继续在原机构从事证券业务或者担任原上市公司、非上市公众公司董事、监事、高级管理人员职务外，也不得在其他任何机构中从事证券业务或者担任其他上市公司、非上市公众公司董事、监事、高级管理人员职务。

22．【答案】 D

【解析】根据《中国证券登记结算有限责任公司证券账户管理规则》第二十条，本公司为投资者姓名或名称、有效身份证明文件类型及号码三项证券账户信息相同，且经证券公司确认归属同一投资者的一码通账户与子账户建立关联关系。

23.【答案】 D

【解析】A项，证券公司代理开立证券账户，应当根据证券登记结算机构的业务规则，对投资者提供的有效身份证明文件原件及其他开户资料的真实性、准确性、完整性进行审核；B项，证券公司可以实行见证开户、网上开户等非现场开户方式；C项，投资者不得将本人的证券账户提供给他人使用。

24.【答案】 B

【解析】证券公司应当配合监管部门、证券交易所对客户异常交易行为进行监督、控制、调查，根据监管部门及证券交易所要求，及时、真实、准确、完整地提供客户账户资料及相关交易情况说明。发现盗买盗卖等异常交易行为疑点时，应当及时通知客户并核实确认、留存证据；基本确认盗买盗卖等异常交易行为的，应当立即采取措施控制资产，并协助客户向公安机关报案。

25.【答案】 B

【解析】中国证券业协会是证券业的自律性组织，是社会团体法人，正式成立于1991年8月28日。

26.【答案】 C

【解析】证券公司、证券投资咨询机构发布证券研究报告，应当对发布的时间、方式、内容、对象和审阅过程实行留痕管理。发布证券研究报告相关业务档案的保存期限自证券研究报告发布之日起不得少于5年。

27.【答案】 C

【解析】根据《关于规范面向公众开展的证券投资咨询业务行为若干问题的通知》第三条，证券公司的自营、受托投资管理、财务顾问和投资银行等业务部门的专业人员在离开原岗位后的六个月内不得从事面向社会公众开展的证券投资咨询业务。

28.【答案】 D

【解析】根据《关于加强对利用"荐股软件"从事证券投资咨询业务监管的暂行规定》第二条，向投资者销售或者提供"荐股软件"，并直接或者间接获取经济利益的，属于从事证券投资咨询业务，应当经中国证监会许可，取得证券投资咨询业务资格。

29.【答案】 B

【解析】根据《上市公司并购重组财务顾问业务管理办法》第十七条，证券公司、证券投资咨询机构或者其他财务顾问机构受聘担任上市公司独立财务顾问的，应当保持独立性，不得与上市公司存在利害关系。持有或者通过协议、其他安排与他人共同持有上市公司股份达到或者超过5%，或者选派代表担任上市公司董事的证券公司、证券投资咨询机构或者其他财务公司，不得担任独立财务顾问。

30.【答案】 D

【解析】D项，是否就并购重组事项出具盈利预测报告由上市公司自愿选择，不属于上市公司并购重组顾问的职责。

31.【答案】 A

【解析】按照中国证监会的相关规定，独立财务顾问应当对实施重大资产重组的上市公司履行持续督导职责。持续督导的期限自中国证监会核准本次重大资产重组之日起，应当不少于1个会计年度。

32.【答案】 B
【解析】持续督导工作结束后，保荐机构应当在发行人公告年度报告之日起的10个工作日内向中国证监会、证券交易所报送保荐总结报告书。

33.【答案】 C
【解析】根据《首次公开发行股票并在创业板上市管理办法》第五十条，自申请文件受理之日起，发行人及其控股股东、实际控制人、董事、监事、高级管理人员以及保荐人、证券服务机构及相关人员即对发行申请文件的真实性、准确性、完整性、及时性承担相应的法律责任。发行人的发行申请文件和信息披露文件存在自相矛盾或者同一事实表述不一致且有实质性差异的，中国证监会将中止审核并自确认之日起12个月内不受理相关保荐代表人推荐的发行申请。

34.【答案】 C
【解析】根据《证券发行与承销管理办法》第三十九条，证券公司承销未经核准擅自公开发行的证券的，依照《证券法》第一百九十条的规定处罚。证券公司承销证券有前款所述情形的，中国证监会可以采取12至36个月暂不受理其证券承销业务有关文件的监管措施。

35.【答案】 C
【解析】根据《证券发行与承销管理办法》第三十一条，发行人和主承销商在推介过程中不得夸大宣传，或以虚假广告等不正当手段诱导、误导投资者，不得披露除招股意向书等公开信息以外的发行人其他信息。承销商应当保留推介、定价、配售等承销过程中的相关资料至少三年并存档备查，包括推介宣传材料、路演现场录音等，如实、全面反映询价、定价和配售过程。

36.【答案】 C
【解析】根据《证券法》第五十八条，申请公司债券上市交易，应当向证券交易所报送：①上市报告书；②申请公司债券上市的董事会决议；③公司章程；④公司营业执照；⑤公司债券募集办法；⑥公司债券的实际发行数额；⑦证券交易所上市规则规定的其他文件。

37.【答案】 B
【解析】根据《公司法》第二百零二条，公司在依法向有关主管部门提供的财务会计报告等材料上作虚假记载或者隐瞒重要事实的，由有关主管部门对直接负责的主管人员和其他直接责任人员处以三万元以上三十万元以下的罚款。

38.【答案】 A
【解析】根据中国证监会颁布的《证券公司风险控制指标管理办法》第二十二条，证券公司经营证券自营业务的，必须符合下列规定：①自营权益类证券及证券衍生品的合计额不得超过净资本的100%；②自营固定收益类证券的合计额不得超过净资本的500%；③持有一种权益类证券的成本不得超过净资本的30%；④持有一种权益类证券的市值与其总市值的比例不得超过5%，但因包销导致的情形和中国证监会另有规定的除外。

39. 【答案】　B

【解析】根据中国证监会《关于证券公司证券自营业务投资范围及有关事项的规定》第四条，证券公司可以设立子公司，从事《证券公司证券自营投资品种清单》所列品种以外的金融产品等投资。

40. 【答案】　C

【解析】根据《证券公司监督管理条例》第八十四条，证券公司未按照规定将证券自营账户报证券交易所备案的，责令改正，给予警告，没收违法所得，并处以违法所得1倍以上5倍以下的罚款；没有违法所得或者违法所得不足3万元的，处以3万元以上30万元以下的罚款。对直接负责的主管人员和其他直接责任人员单处或者并处警告、3万元以上10万元以下的罚款；情节严重的，撤销任职资格或者证券从业资格。

41. 【答案】　A

【解析】根据《证券公司客户资产管理业务管理办法》第二十二条，证券公司办理集合资产管理业务，只能接受货币资金形式的资产。

42. 【答案】　C

【解析】根据《证券公司客户资产管理业务管理办法》第六十条，证券公司因违法违规经营或者有关财务指标不符合中国证监会的规定，被中国证监会暂停客户资产管理业务的，暂停期间不得签订新的资产管理合同；被中国证监会依法取消客户资产管理业务资格的，应当停止资产管理活动，按照相关规定处理合同终止事宜。

43. 【答案】　D

【解析】D项，根据《合格境外机构投资者境内证券投资管理办法》第九条，申请人应当在取得证券投资业务许可证之日起1年内，通过托管人向国家外汇局提出投资额度申请。国家外汇局自收到完整的申请文件之日起20个工作日内，对申请材料进行审核，并征求中国证监会意见，作出批准或者不批准的决定。决定批准的，作出书面批复并颁发外汇登记证；决定不批准的，书面通知申请人。

44. 【答案】　C

【解析】融券专用证券账户，是指用于记录证券公司持有的拟向客户融出的证券和客户归还的证券，不得用于证券买卖。A项，不存在融资融券专用证券账户这一说法；B项，客户信用交易担保资金账户用于存放客户交存的、担保证券公司因向客户融资融券所生债权的资金；D项，客户信用交易担保证券账户，用于记录客户委托证券公司持有、担保证券公司因向客户融资融券所生债权的证券。

45. 【答案】　C

【解析】在融券交易期间，证券发行人向原股东配售股份的，或者证券发行人增发新股以及发行权证、可转换债券等证券时原股东有优先认购权的，由证券公司和融券客户根据双方约定处理。

46. 【答案】　B

【解析】可充抵保证金的证券，在计算保证金金额时，应当以证券市值或净值按下列折算率进行折算：①上证180指数成分股股票的折算率最高不超过70%；②其他A股股票的折算率最高不超过65%；③深证100指数成份股股票的折算率最高不超过70%；④非深证

100 指数成份股股票的折算率最高不超过 65%。

47.【答案】 C

【解析】证券公司申请介绍业务资格，应当具备的条件包括：配备必要的业务人员，公司总部至少有 5 名、拟开展介绍业务的营业部至少有 2 名具有期货从业人员资格的业务人员。

48.【答案】 D

【解析】证券公司不得代理客户进行期货交易、结算或者交割，不得代期货公司、客户收付期货保证金，不得利用证券资金账户为客户存取、划转期货保证金。

49.【答案】 D

【解析】《证券法》第一百九十条规定，证券公司承销或者代理买卖未经核准擅自公开发行的证券的，责令停止承销或者代理买卖，没收违法所得，并处以违法所得一倍以上五倍以下的罚款；没有违法所得或者违法所得不足三十万元的，处以三十万元以上六十万元以下的罚款。给投资者造成损失的，应当与发行人承担连带赔偿责任。对直接负责的主管人员和其他直接责任人员给予警告，撤销任职资格或者证券从业资格，并处以三万元以上三十万元以下的罚款。

50.【答案】 C

【解析】A 项，背信运用受托财产罪的犯罪主体是特殊主体，即商业银行、证券交易所、期货交易所、证券公司、期货经纪公司、保险公司或者其他金融机构，个人不能构成本罪的主体；B 项，证券公司履行相关手续后将客户委托资产投资于本公司发行证券是符合规定的；D 项，客户缴纳的保险费不属于保险公司的受托财产。

二、组合选择题

1.【答案】 B

【解析】Ⅰ、Ⅳ两项，《关于首次公开发行股票试行询价制度若干问题的通知》和《证券发行上市保荐制度暂行办法》均为证监会制定的规范性文件。

2.【答案】 D

【解析】根据《公司法》的规定，股东会或者股东大会、董事会的会议召集程序、表决方式违反法律、行政法规或者公司章程，或者决议内容违反公司章程的，股东可以自决议作出之日起 60 日内，请求人民法院撤销。Ⅰ、Ⅲ两项，代表 1/10 以上表决权的股东、1/3 以上董事或者监事会，可以提议召开董事会临时会议。董事会会议应有过半数的董事出席方可举行。

3.【答案】 D

【解析】根据《公司法》的规定，公司聘用、解聘承办公司审计业务的会计师事务所，依照公司章程的规定，由股东会、股东大会或者董事会决定。公司股东会、股东大会或者董事会就解聘会计师事务所进行表决时，应当允许会计师事务所陈述意见。

4.【答案】 C

【解析】根据《公司法》第一百七十三条，公司合并，应当由合并各方签订合并协议，并编制资产负债表及财产清单。公司应当自作出合并决议之日起 10 日内通知债权人，并于

30 日内在报纸上公告。债权人自接到通知书之日起 30 日内，未接到通知书的自公告之日起 45 日内，可以要求公司清偿债务或者提供相应的担保。

5.【答案】　C

【解析】根据我国《公司法》第二条，公司是指依照本法在中国境内设立的有限责任公司和股份有限公司。

6.【答案】　A

【解析】《证券法》有关持股披露规则包括：通过证券交易所的证券交易，投资者持有或者通过协议、其他安排与他人共同持有一个上市公司已发行的股份达到 5% 时，应当在该事实发生之日起 3 日内，向国务院证券监督管理机构、证券交易所作出书面报告，通知该上市公司，并予公告；在上述期限内，不得再行买卖该上市公司的股票。

7.【答案】　D

【解析】根据《证券法》的规定，证券的发行、交易活动，必须遵守法律、行政法规；禁止欺诈、内幕交易和操纵证券市场的行为。

8.【答案】　A

【解析】承销团，又称联合承销，指两个以上的证券经营机构组成承销团，为发行人发售证券的一种承销方式，承销团应当由主承销和参与承销的证券公司组成。

9.【答案】　C

【解析】Ⅲ项属于基金管理人的职责。

10.【答案】　A

【解析】根据《期货交易管理条例》第七十六条，会计师事务所、律师事务所、资产评估机构等中介服务机构未勤勉尽责，所出具的文件有虚假记载、误导性陈述或者重大遗漏的，责令改正，没收业务收入，暂停或者撤销相关业务许可，并处业务收入 1 倍以上 5 倍以下的罚款。对直接负责的主管人员和其他直接责任人员给予警告，并处 3 万元以上 10 万元以下的罚款。

11.【答案】　C

【解析】根据《证券公司监督管理条例》第七条，国务院证券监督管理机构、中国人民银行、国务院其他金融监督管理机构应当建立证券公司监督管理的信息共享机制。国务院证券监督管理机构和地方人民政府应当建立证券公司的有关情况通报机制。

12.【答案】　A

【解析】根据《证券公司监督管理条例》的规定，国务院证券监督管理机构可以要求下列单位或者个人，在指定的期限内提供与证券公司经营管理和财务状况有关的资料、信息：①证券公司及其董事、监事、工作人员；②证券公司的股东、实际控制人；③证券公司控股或者实际控制的企业；④证券公司的开户银行、指定商业银行、资产托管机构、证券交易所、证券登记结算机构；⑤为证券公司提供服务的证券服务机构。

13.【答案】　D

【解析】根据《证券业从业人员资格管理实施细则》第十一条，资格管理员须向协会备案，代表所在机构行使下述职责：①使用协会执业证书管理系统并对所在机构的系统用户进行管理；②组织实施所在机构执业证书申请工作；③负责所在机构执业证书申请人的申请材料的初审;④按照协会的部署组织实施所在机构执业年检工作;⑤协助协会的检查和调查;⑥负责所在机构执业人员的备案事项;⑦为所在机构人员提供相关咨询;⑧保持与协会的日常联系。机构更换资格管理员应当向协会备案。资格管理员不得擅自委托他人代其行使职责。

14. 【答案】 D

【解析】根据《证券、期货投资咨询管理暂行办法》第十三条,证券、期货投资咨询人员申请取得证券、期货投资咨询从业资格,必须具备下列条件:①具有中华人民共和国国籍;②具有完全民事行为能力;③品行良好、正直诚实,具有良好的职业道德;④未受过刑事处罚或者与证券、期货业务有关的严重行政处罚;⑤具有大学本科以上学历;⑥证券投资咨询人员具有从事证券业务2年以上的经历,期货投资咨询人员具有从事期货业务2年以上的经历;⑦通过中国证监会统一组织的证券、期货从业人员资格考试;⑧中国证监会规定的其他条件。

15. 【答案】 A

【解析】根据《证券业从业人员资格管理实施细则(试行)》第二十三条,有下列情形之一的,不予通过年检:①执业证书申请材料或年检材料弄虚作假的;②未按规定完成后续职业培训的;③不再符合执业证书取得条件的;④未按规定参加年检的;⑤协会规定的其他情形。根据《证券业从业人员资格管理实施细则(试行)》第二十四条,因第二十三条第①、③款未通过年检的人员,由协会注销其执业证书。

16. 【答案】 C

【解析】根据《证券投资基金销售管理办法》第九十条,基金销售机构从事基金销售活动,有本办法第八十二条规定禁止的行为的,责令改正,单处或者并处警告、三万元以下罚款;对直接负责的主管人员和其他直接责任人员,单处或者并处警告、三万元以下罚款。Ⅰ、Ⅱ都属于《证券投资基金销售管理办法》第八十二条规定禁止的行为。

17. 【答案】 D

【解析】根据《证券公司代销金融产品管理规定》第九条,证券公司应当与委托人签订书面代销合同。代销合同应当约定双方权利义务,并明确约定以下事项:①向客户进行信息披露、风险揭示以及后续服务的相关安排;②受理客户咨询、查询、投诉的相关安排和后续处理机制;③出现委托人对客户违约情况下的处置预案和应急安排;④因金融产品设计、运营和委托人提供的信息不真实、不准确、不完整而产生的责任由委托人承担,证券公司不承担任何担保责任。

18. 【答案】 C

【解析】证券公司在从事证券经纪业务过程中禁止以下行为:①挪用客户所委托买卖的证券或者客户账户上的资金;②侵占、损害客户的合法权益;③未经客户的委托,擅自为客户买卖证券,或者假借客户的名义买卖证券;④以任何方式对客户证券买卖的收益或者赔偿证券买卖的损失作出承诺;⑤为牟取佣金收入,诱使客户进行不必要的证券买卖;⑥在批准的营业场所之外私下接受客户委托买卖证券等。

19. 【答案】 A

【解析】经纪业务营运管理的主要内容包括:账户管理(证券账户和资金账户)、证券委托买卖、清算交割、投资者教育与适当性管理、证券投资顾问服务等。

20. 【答案】 D

【解析】Ⅰ项，证券公司应当事先明确告知客户所提供服务或者销售产品的风险特征。Ⅱ项，证券公司认为某一服务或产品不适合某一客户或者无法判断适当性的，应当将该情形提示客户，由客户选择是否接受该项服务或产品。

21. 【答案】 C

【解析】适当性是指"金融中介机构所提供的金融产品或服务与客户的财务状况、投资目标、风险承受水平、财务需求、知识和经验之间的契合程度"。实践中，金融机构通常采用客户调查问卷、产品风险评估与充分披露等方法，根据客户分级和资产分级匹配原则，避免误导投资者和错误销售。

22. 【答案】 A

【解析】证券研究报告的功能是向客户提供证券估值和投资评级等投资分析意见，是证券公司维护客户、帮助客户实现账户增值的重要手段。从境外证券市场的情况看，研究报告是券商服务专业机构客户的基本手段。研究报告同时发送给公司的其他投资顾问团队，由投资顾问团队转化为具体的投资建议，提供给公司经纪客户中约定提供投资顾问服务的客户。

23. 【答案】 D

【解析】客户本人持有效证件和在营业部签署的《XX银行客户交易结算资金第三方存管协议书》（银行留存联）到指定商业银行营业网点办理指定商业银行确认手续。办理时客户需输入银行结算账户密码和证券资金账户密码。

24. 【答案】 D

【解析】根据《证券法》第一百七十一条，投资咨询机构及其从业人员从事证券服务业务不得有下列行为：①代理委托人从事证券投资；②与委托人约定分享证券投资收益或者分担证券投资损失；③买卖本咨询机构提供服务的上市公司股票；④利用传播媒介或者通过其他方式提供、传播虚假或者误导投资者的信息；⑤法律、行政法规禁止的其他行为。

25. 【答案】 B

【解析】证券投资顾问服务和证券研究报告都能提供帮助投资者作出投资决策的证券投资建议或者证券价值分析意见，均是证券经营机构服务客户的重要手段。

26. 【答案】 C

【解析】证券投资顾问业务，是证券投资咨询业务的一种基本形式，指证券公司、证券投资咨询机构接受客户委托，按照约定，向客户提供涉及证券及证券相关产品的投资建议服务，辅助客户作出投资决策，并直接或者间接获取经济利益的经营活动。证券公司、证券投资咨询机构从事证券投资顾问业务，应当遵守法律、行政法规和相关规定，遵循诚实信用原则，忠实客户利益。

27. 【答案】 B

【解析】根据《上海证券交易所交易规则》的规定，A股、债券交易和债券买断式回购交易的申报价格最小变动单位为0.01元人民币，基金、权证交易为0.001元人民币，B股交易为0.001美元，债券质押式回购交易为0.005元。

28. 【答案】 A

【解析】证券投资咨询机构利用"荐股软件"从事证券投资咨询业务，应在公司营业场所、公司网站、中国证券业协会网站公示信息,包括但不限于:公司名称、住所、联系方式,投诉电话,证券投资咨询业务许可证号,证券投资咨询执业人员姓名及其执业资格编码;同时还应当通过公司网站公示产品分类、具体功能、产品价格、服务收费标准和收费方式等信息。

29. 【答案】 D

【解析】根据《发布证券研究报告暂行规定》第十八条,证券公司、证券投资咨询机构发布证券研究报告,应当对发布的时间、方式、内容、对象和审阅过程实行留痕管理。

30. 【答案】 C

【解析】根据《上市公司重大资产重组管理办法》第四十五条,上市公司发行股份的价格不得低于市场参考价的90%。市场参考价为本次发行股份购买资产的董事会决议公告日前20个交易日、60个交易日或者120个交易日的公司股票交易均价之一。本次发行股份购买资产的董事会决议应当说明市场参考价的选择依据。

31. 【答案】 D

【解析】除Ⅰ、Ⅱ、Ⅲ、Ⅳ四项外,申请证券、期货投资咨询从业资格的机构,还应当具备的条件包括:①分别从事证券或者期货投资咨询业务的机构,有五名以上取得证券、期货投资咨询从业资格的专职人员。②同时从事证券和期货投资咨询业务的机构,有十名以上取得证券、期货投资咨询从业资格的专职人员;其高级管理人员中,至少有一名取得证券或者期货投资咨询从业资格。

32. 【答案】 D

【解析】根据《公司债券发行与交易管理办法》第五十五条,存在下列情形的,债券受托管理人应当召集债券持有人会议:①拟变更债券募集说明书的约定;②拟修改债券持有人会议规则;③拟变更债券受托管理人或受托管理协议的主要内容;④发行人不能按期支付本息;⑤发行人减资、合并、分立、解散或者申请破产;⑥保证人、担保物或者其他偿债保障措施发生重大变化;⑦发行人、单独或合计持有本期债券总额10%以上的债券持有人书面提议召开;⑧发行人管理层不能正常履行职责,导致发行人债务清偿能力面临严重不确定性,需要依法采取行动的;⑨发行人提出债务重组方案的;⑩发生其他对债券持有人权益有重大影响的事项。

33. 【答案】 B

【解析】根据《证券发行与承销管理办法》的规定,当出现题干所述情形时,投资风险特别公告中至少包括:①比较分析发行人与同行业上市公司的差异及该差异对估值的影响;②提请投资者关注发行价格与网下投资者报价之间存在的差异;③提请投资者关注投资风险,审慎研判发行定价的合理性,理性做出投资决策。

34. 【答案】 C

【解析】根据《上市公司证券发行管理办法》第五十五条,上市公司收到中国证监会关于本次发行申请的下列决定后,应当在次一工作日予以公告:①不予受理或者终止审查;②不予核准或者予以核准。

35. 【答案】 D

【解析】根据《首次公开发行股票承销业务规范》第五十条,除Ⅰ、Ⅱ、Ⅲ、Ⅳ四项外,承销过程中的相关资料还包括其他和发行与承销过程相关的文件或承销商认为有必要保留的文件等。

36. 【答案】 B

【解析】首次公开发行股票的信息披露文件主要包括:①招股说明书及其附录和备查文件。备查文件包括:发行保荐书;财务报表及审计报告;盈利预测报告及审核报告(如有);内部控制鉴证报告;经注册会计师核验的非经常性损益明细表;法律意见书及律师工作报告;公司章程(草案);中国证监会核准本次发行的文件;其他与本次发行有关的重要文件。②招股说明书摘要。③发行公告。④上市公告书。

37. 【答案】 A

【解析】Ⅰ项,发行人和主承销商必须在资金解冻前将确定的发行价格进行公告。Ⅱ项,投资者上网申购期内,一经申报,不得撤单。

38. 【答案】 A

【解析】根据《证券法》第七十七条,禁止任何人以下列手段操纵证券市场:①单独或者通过合谋,集中资金优势、持股优势或者利用信息优势联合或者连续买卖,操纵证券交易价格或者证券交易量;②与他人串通,以事先约定的时间、价格和方式相互进行证券交易,影响证券交易价格或者证券交易量;③在自己实际控制的账户之间进行证券交易,影响证券交易价格或者证券交易量;④以其他手段操纵证券市场。

39. 【答案】 A

【解析】利用未公开信息交易罪是指证券交易所、期货交易所、证券公司、期货经纪公司、基金管理公司、商业银行、保险公司等金融机构的从业人员以及有关监管部门或者行业协会的工作人员,利用因职务便利获取的内幕信息以外的其他未公开的信息,违反规定,从事与该信息相关的证券、期货交易活动,或者明示、暗示他人从事相关交易活动。

40. 【答案】 C

【解析】根据《刑法》第一百八十一条,Ⅰ项构成编造并传播证券、期货交易虚假信息行为。

41. 【答案】 D

【解析】根据《证券公司客户资产管理业务管理办法》第二十九条,证券公司将其管理的客户资产投资于本公司及与本公司有关联方关系的公司发行的证券或承销期内承销的证券,或者从事其他重大关联交易的,应当遵循客户利益优先原则,事先取得客户的同意,事后告知资产托管机构和客户,同时向证券交易所报告,并采取切实有效措施,防范利益冲突,保护客户合法权益。

42. 【答案】 D

【解析】根据《私募投资基金监督管理暂行办法》第二条,私募投资基金,是指在中华人民共和国境内,以非公开方式向投资者募集资金设立的投资基金。私募基金财产的投资范围包括买卖股票、股权、债券、期货、期权、基金份额及投资合同约定的其他投资标的。

43. 【答案】 D

【解析】根据《证券公司客户资产管理业务管理办法》,证券公司、推广机构应当根据所了解的客户情况推荐适当的资产管理计划。客户应当对其资产来源及用途的合法性作出承诺。证券公司设立集合资产管理计划，应当对客户的条件和集合资产管理计划的推广范围进行明确界定；参与集合资产管理计划的客户应当具备相应的金融投资经验和风险承受能力。

44.【答案】　D

【解析】证券公司办理集合资产管理业务，只能接受货币资金形式的资产。定向资产管理客户委托资产应当是客户合法持有的现金、股票、债券、证券投资基金份额、集合资产管理计划份额、央行票据、短期融资券、资产支持证券、金融衍生品或者中国证监会允许的其他金融资产。

45.【答案】　D

【解析】根据《证券公司融资融券业务管理办法》第三十二条，证券公司对证券发行人的权利，是指请求召开证券持有人会议、参加证券持有人会议、提案、表决、配售股份的认购、请求分配投资收益等因持有证券而产生的权利。

46.【答案】　D

【解析】证券金融公司开展转融通业务，可以使用下列资金和证券：①自有资金和证券；②通过证券交易所的业务平台融入的资金和证券；③通过证券金融公司的业务平台融入的资金；④依法筹集的其他资金和证券。

47.【答案】　D

【解析】根据《证券公司为期货公司提供中间介绍业务试行办法》第十八条，证券公司为期货公司介绍客户时，应当向客户明示其与期货公司的介绍业务委托关系，解释期货交易的方式、流程及风险，不得作获利保证、共担风险等承诺，不得虚假宣传，误导客户。

48.【答案】　B

【解析】Ⅱ项，可充抵保证金的证券，在计算保证金金额时，证券公司现金管理产品、货币市场基金、国债折算率最高不超过95%。

49.【答案】　B

【解析】根据《证券法》第一百九十四条，发行人、上市公司擅自改变公开发行证券所募集资金的用途的，责令改正，对直接负责的主管人员和其他直接责任人员给予警告，并处以三万元以上三十万元以下的罚款；发行人、上市公司的控股股东、实际控制人指使从事前款违法行为的，给予警告，并处以三十万元以上六十万元以下的罚款。对直接负责的主管人员和其他直接责任人员依照前款的规定处罚。

50.【答案】　C

【解析】诱骗投资者买卖证券、期货合约罪是指证券交易所、期货交易所、证券公司、期货经纪公司的从业人员，证券业协会、期货业协会或者证券期货监督管理部门的工作人员，故意提供虚假信息或者伪造、变造、销毁交易记录，诱骗投资者买卖证券、期货合约，造成严重后果的行为。

全国证券从业人员执业资格考试热题库

《证券市场基本法律法规》模拟试卷（二）

一、单项选择题（共 50 题，每小题 1 分，共 50 分。以下备选项中只有一项符合题目要求，不选、错选均不得分）

1. 《上市公司重大资产重组管理办法》属于（　　）层级的规定。
   A. 法律　　　　　　　　　　B. 行政法规
   C. 部门规章　　　　　　　　D. 自律管理业务规则

2. 下列关于股份有限公司股票转让的说法，不正确的是（　　）。
   A. 记名股票，由股东以背书方式或者法律、行政法规规定的其他方式转让
   B. 股东转让其股份，应当在依法设立的证券交易场所进行或者按照国务院规定的其他方式进行
   C. 记名股票被盗、遗失或者灭失，股东可以依法请求人民法院宣告该股票失效，公司不得向股东补发股票
   D. 无记名股票的转让，由股东将该股票交付给受让人后即发生转让的效力

3. 公司在经营活动中可以以自己的财产为他人提供担保，下列关于公司担保决定权的表述，正确的是（　　）。
   A. 公司经理可以决定为本公司的股东提供担保
   B. 公司董事会可以决定为本公司的股东提供担保
   C. 公司董事长可以决定为本公司的股东提供担保
   D. 公司股东会可以决定为本公司的股东提供担保

4. 下列关于有限责任公司的说法，错误的是（　　）。
   A. 国有独资公司的董事会成员应当有公司职工代表
   B. 普通有限责任公司的董事会成员中可以不包括公司职工代表
   C. 两个以上的国有企业或者两个以上的其他国有投资主体投资设立的有限责任公司，其董事会成员中应当有公司职工代表
   D. 监事会应当包括适当比例的公司职工代表，其中职工代表的比例不得低于 1/2，具体比例由公司章程规定

5. 国有独资公司属于特殊的（　　）。
   A. 一人有限责任公司　　　　B. 有限责任公司
   C. 股份有限公司　　　　　　D. 个人独资企业

6. 股份有限公司发起人、认股人缴纳股款或者交付抵作股款的出资后，下列表述的情形中，发起人和认股人不得抽回其股本的是（　　）。
   A. 未按期募足股份

B. 创立大会决议不设立公司
C. 发起人未按期召开创立大会
D. 作为设立公司出资的非货币财产的实际价额显著低于公司章程所定价额

7. 证券在证券交易所上市交易，应当采用（   ）。
   A. 做市商交易方式
   B. 公开的交易方式
   C. 集中竞价交易方式易方式
   D. 公开的集中交易方式或者国务院证券监督管理机构批准的其他方式

8. 对于采取（   ）销售的股票，其销售期最长不得超过90日。
   A. 直销方式　　　B. 代销方式　　　C. 助销方式　　　D. 转销方式

9. 上市公司董事、监事、高级管理人员，持有上市公司股份5%以上的股东，将其持有的该公司的股票在买入后六个月内卖出，或者在卖出后六个月内买入，公司董事会应当收回其所得收益，股东亦有权要求董事会在30日内执行。如果公司董事会未在上述期限内执行的，股东可采取以下哪项措施？（   ）。
   A. 股东有权为了公司的利益以自己的名义直接向人民法院提起诉讼
   B. 股东有权为公司的利益以公司的名义直接向人民法院提起诉讼
   C. 股东必须先向证券交易所报告，再提起诉讼
   D. 股东必须先提起仲裁，再提起诉讼

10. 下列关于上市交易申请的说法中，错误的是（   ）。
    A. 申请证券上市交易应当向证券交易所提出申请
    B. 申请证券上市的公司应与证券交易所签订上市协议
    C. 证券交易所根据国务院授权部门的决定安排政府债券上市交易
    D. 中国证监会根据国务院授权的部门的决定安排政府债券上市交易

11. 关于非公开募集基金的说法，正确的是（   ）。
    A. 非公开募集基金可以买卖股权
    B. 非公开募集基金可以买卖股指期货
    C. 非公开募集基金可以买卖基金份额
    D. 非公开募集基金可以买卖基金合同约定以外的投资标的

12. 设立管理公开募集基金的基金管理公司的注册资本应满足的条件是（   ）。
    A. 注册资本不低一亿元人民币，可为认缴资本
    B. 注册资本不低于五亿元人民币，可为实缴资本
    C. 注册资本不低于一亿元人民币，且必须为实缴货币资本
    D. 注册资本不低于五亿元人民币，且必须为实缴货币资本

13. 当期货市场出现异常情况时，期货交易所可以按照其章程规定的权属和程序，在决议采取紧急措施后，应当立即报告（   ）。
    A. 国务院期货监督管理机构　　　B. 人民银行
    C. 财政部　　　　　　　　　　　D. 银监会

14. 期货交易所向会员收取的保证金，属于_____所有，除用于_____的交易

结算外，严禁挪作他用。（　　）

A. 期货公司；期货公司 B. 期货公司；会员
C. 会员；期货公司 D. 会员；会员

15. 关于证券公司薪酬与提名委员会、审计委员会和风险控制委员会，以下说法正确的是（　　）。

A. 经营融资券业务的，应当设薪酬与提名委员会、审计委员会和风险控制委员会
B. 证券公司设薪酬与提名委员会、审计委员会的，委员会负责人由独立董事担任
C. 证券公司必须设立薪酬与提名委员会、审计委员会和风险控制委员会
D. 证券公司设风险控制委员会的，委员会负责人由独立董事担任

16. 证券公司的董事、高级管理人员应当对证券公司_____签署确认意见，经营管理的主要负责人和财务负责人应当对_____签署确认意见。（　　）

A. 年度报告；月度报告 B. 年度报告；季度报告
C. 月度报告；年度报告 D. 季度报告；半年报告

17. 根据《证券业从业人员资格管理办法》，从事证券业务的专业人员不包括（　　）。

A. 证券登记结算机构的工作人员
B. 证券公司中从事承销业务的人员
C. 证券公司相关业务部门的管理人员
D. 证券投资咨询机构中从事证券投资咨询业务的专业人员及其管理人员

18. 取得证券投资咨询执业资格且实际从事发布证券研究报告业务的人员，申请注册登记为（　　）。

A. 证券研究员 B. 证券咨询师 C. 证券分析师 D. 证券投资顾问

19. 财务顾问及其财务顾问主办人被证监会责令改正，整改期间，（　　）。

A. 不得接受新的上市公司并购重组财务顾问业务
B. 不得开展上市公司并购重组财务顾问业务
C. 已上报项目，监管机关终止审理
D. 已上报项目，监管机关中止审理

20. 根据《中国证券业协会诚信管理办法》，诚信信息查询记录自该记录生成之日起保存（　　）年。

A. 3 B. 5 C. 8 D. 10

21. 证券公司终止与证券经纪人委托关系的，应当（　　）。

A. 收回其证券经纪人证书，并自委托关系终止之日起20个工作日内向协会注销该人员的执业注册登记
B. 收回其证券经纪人证书，并自委托关系终止之日起15个工作日内向协会注销该人员的执业注册登记
C. 收回其证券经纪人证书，并自委托关系终止之日起10个工作日内向协会注销该人员的执业注册登记
D. 收回其证券经纪人证书，并自委托关系终止之日起5个工作日内向协会注销该人员的执业注册登记

22. 境内自然人申请开立 B 股账户，须先开立（　　）。
    A. A 股账户　　　B. A 股资金账户　　C. B 股资金账户　　D. H 股账户

23. 证券经纪业务营销人员通过营销渠道，采取多种促销方式，与客户建立关系并促成交易的过程是（　　）。
    A. 投资咨询　　　B. 客户服务　　　C. 客户招揽　　　D. 金融产品销售

24. 客户招揽中，集中性市场营销策略又称为（　　），是指公司集中所有力量来满足一个或几个细分市场的需求。
    A. 密集性策略　　B. 分散性策略　　C. 差异性策略　　D. 无差异性策略

25. 营销人员针对（　　）的客户采用缘故法营销。
    A. 陌生关系型　　　　　　　　　　B. 间接关系型
    C. 直接关系型　　　　　　　　　　D. 直接关系型和间接关系型

26. （　　）对证券公司和证券投资咨询机构发布证券研究报告行为实行自律管理，并制定相应的职业规范和行为准则。
    A. 中国证监会　　　　　　　　　　B. 证券交易所
    C. 中国证券业协会　　　　　　　　D. 证券登记结算公司

27. 我国《证券法》规定，投资咨询机构及其从业人员从事证券服务业务，不得代理受托人从事证券投资。因而目前证券投资咨询机构从事（　　）业务存在实质法律障碍。
    A. 证券投资顾问业务　　　　　　　B. 定向资产管理业务
    C. 财务顾问　　　　　　　　　　　D. 证券研究

28. 证券公司向经纪客户提供证券投资顾问增值服务是基于（　　）业务基础之上。
    A. 资产管理　　　B. 经纪服务　　　C. 融资融券　　　D. 投资银行

29. 上市公司发行股份购买资产时，特定对象以资产认购而取得的上市公司股份，一般情形下，自股份发行结束之日起（　　）月内不得转让。
    A. 24 个　　　　B. 18 个　　　　C. 12 个　　　　D. 6 个

30. 上市公司实施重大资产重组，应当符合中国证监会关于上市公司（　　）的相关规定。
    A. 独立性　　　　B. 真实性　　　　C. 公平性　　　　D. 完整性

31. 上市公司发行股份购买资产，应在相关资产过户完成后（　　）个工作日内就过户情况作出公告。
    A. 1　　　　　　B. 3　　　　　　C. 5　　　　　　D. 7

32. 收购人聘请的财务顾问应在收购完成后（　　）个月内，对收购人进行持续督导。
    A. 36　　　　　B. 24　　　　　C. 12　　　　　D. 6

33. 保荐人出具有虚假记载、误导性陈述或者重大遗漏的保荐书，或者不履行其他法定职责，情节严重的，直接负责的主管人员和其他直接责任人员将受到的处罚不包括（　　）。
    A. 警告　　　　　　　　　　　　　B. 罚款
    C. 行政拘留　　　　　　　　　　　D. 撤销任职资格或者证券从业资格

34. 保荐代表人在2个自然年度内被采取《证券发行上市保荐业务管理办法》第六十六条规定监管措施累计2次以上，中国证监会可（　　）个月内不受理相关保荐代表人员具体负责的推荐。
    A. 3　　　　　　B. 6　　　　　　C. 12　　　　　D. 24

35. 上市公司信息披露应遵循（　　）原则。
    A. 真实、准确、完整、有效　　　　B. 真实、准确、完整、权威
    C. 真实、准确、完整、及时　　　　D. 真实、准确、完整、审慎

36. 首次公开发行并在创业板上市，保荐机构和保荐代表人持续督导的期间为证券上市当年剩余时间及其后（　　）个完整的会计年度。
    A. 1　　　　　　B. 2　　　　　　C. 3　　　　　　D. 5

37. 根据《首次公开发行股票并上市管理办法》，中国证监会对辅导期限的要求是（　　）。
    A. 3个月　　　　B. 6个月　　　　C. 12个月　　　D. 无硬性要求

38. 《证券法》规定，禁止法人（　　）自己或者他人的证券账户。
    A. 出借　　　　　B. 操作　　　　　C. 注销　　　　　D. 变更

39. 证券公司年度报告应当附有（　　）出具的内部控制评审报告。
    A. 审计事务所　　　　　　　　　　B. 律师事务所
    C. 会计师事务所　　　　　　　　　D. 资产评估事务所

40. 关于证券自营业务资金的出入，以下表述错误的是（　　）。
    A. 禁止从自营账户中提取现金
    B. 禁止以个人名义从自营账户中调入资金
    C. 自营业务资金的出入必须以证券公司名义进行
    D. 自营业务所需资金的调度必须由自营业务部门负责

41. （　　）是证券公司自营业务的最高决策机构。
    A. 股东会　　　　B. 董事会　　　　C. 自营业务部门　　　D. 投资决策机构

42. 自营业务与经纪业务相比较，根本区别是自营业务是证券公司（　　）。
    A. 为客户提供证券及其他金融产品的投资管理服务
    B. 可以向客户出借资金或证券
    C. 为营利而自己买卖证券
    D. 代理客户买卖证券

43. 下列关于证券自营业务禁止行为的说法，错误的是（　　）。
    A. 证券公司不允许将自营账户借给他人使用
    B. 证券公司在证券承销过程中不允许有证券自营买入行为
    C. 内幕交易行为给投资者造成损失的，行为人要依法承担赔偿责任
    D. 操纵证券市场行为给投资者造成损失的，行为人要依法承担赔偿责任

44. 证券公司须建立有效的自营风险监控报告机制，风险监控部门定期向（　　）提供风险监控报告。
    A. 董事会和合规部门　　　　　　　B. 董事会和投资决策机构

C. 监事会和投资决策机构 D. 监事会和自营业务部门

45. 以下对公司未来成长性没有帮助的行为是（　　）。
   A. 公司用部分自有现金购买国债 B. 公司成功地并购了业内另一家公司
   C. 公司将资源从衰退行业转移到朝阳行业 D. 公司研制成功了一种新产品

46. 证券分析师在执业中提出的建议和结论不得违背社会公众利益，不得对投资人或委托单位提供存在重大遗漏、错误信息和误导性陈述的投资分析、预测或建议，这是证券分析师（　　）原则的内涵。
   A. 谨慎客观 B. 独立诚信 C. 公平公正 D. 勤勉尽职

47. 《证券公司融资融券业务管理办法》规定，证券公司从事融资融券业务，应当与客户签订（　　）。
   A. 托管协议 B. 担保协议 C. 委托代理协议 D. 融资融券合同

48. 关于证券公司提供中间介绍业务（IB业务），以下说法正确的是（　　）。
   A. 证券公司在中间介绍业务中可以直接代理客户进行期货交易
   B. 证券公司代期货公司收取的保证金应当立即划至期货公司账户
   C. 证券公司中间介绍业务起源于英国
   D. 证券公司协助办理开户手续

49. 以下不能发行金融债券的主体是（　　）。
   A. 证券公司 B. 政策性银行 C. 中国人民银行 D. 国有商业银行

50. 《证券法》规定，内幕交易、泄露内幕信息的，没收违法所得，并处以违法所得（　　）的罚款。
   A. 1倍以上3倍以下 B. 1倍以上5倍以下
   C. 2倍以上5倍以下 D. 3倍以上5倍以下

二、组合选择题（共50题，每小题1分，共50分。以下备选项中只有一项符合题目要求，不选、错选均不得分）

1. 下列属于证券市场法律制度的是（　　）。
   Ⅰ. 证券发行制度 Ⅱ. 信息披露制度
   Ⅲ. 证券交易制度 Ⅳ. 证券机构监管制度
   A. Ⅰ、Ⅱ、Ⅲ、Ⅳ B. Ⅱ、Ⅲ、Ⅳ
   C. Ⅰ、Ⅲ、Ⅳ D. Ⅰ、Ⅱ、Ⅲ

2. 下列关于公司经营范围的表述，符合公司法规定的有（　　）。
   Ⅰ. 公司的经营范围由公司章程规定，并依法登记
   Ⅱ. 公司一旦选定经营范围，就不得变更
   Ⅲ. 公司的经营范围中属于法律、行政法规规定要经批准的项目，应当依法经过批准
   Ⅳ. 公司营业执照上应当载明公司的经营范围
   A. Ⅰ、Ⅱ、Ⅲ B. Ⅰ、Ⅱ、Ⅳ C. Ⅰ、Ⅲ、Ⅳ D. Ⅱ、Ⅲ、Ⅳ

3. 公司为（　　）提供担保的，必须经股东会或者股东大会决议。
   Ⅰ. 股东 Ⅱ. 控股股东

Ⅲ. 实际控制人　　　　　　　　　Ⅳ. 董事、监事或高级管理人员
A. Ⅱ、Ⅲ、Ⅳ　　B. Ⅰ、Ⅱ、Ⅳ　　C. Ⅰ、Ⅱ、Ⅲ　　D. Ⅰ、Ⅲ

4. 以下属于有限责任公司董事会职权的有（　　）。
   Ⅰ. 决定公司的经营计划和投资方案
   Ⅱ. 制订公司合并、分立、解散或者变更公司形式的方案
   Ⅲ. 对公司增加或者减少注册资本作出决议
   Ⅳ. 制定公司的具体规章
   A. Ⅰ、Ⅱ、Ⅲ、Ⅳ　　　　　　　B. Ⅱ、Ⅲ、Ⅳ
   C. Ⅰ、Ⅱ、Ⅲ　　　　　　　　　D. Ⅰ、Ⅱ

5. 以下关于有限责任公司的设立条件，说法正确的有（　　）。
   Ⅰ. 设立有限责任公司必须有公司住所
   Ⅱ. 设立有限责任公司必须有符合公司章程规定的全体股东认缴的出资额
   Ⅲ. 有限责任公司的大股东可以单独制定公司章程
   Ⅳ. 设立有限责任公司必须有公司名称以及符合要求的组织机构
   A. Ⅰ、Ⅱ、Ⅲ　　B. Ⅰ、Ⅱ、Ⅳ　　C. Ⅱ、Ⅲ、Ⅳ　　D. Ⅰ、Ⅱ、Ⅲ、Ⅳ

6. （　　）的从业人员或者证券业协会的工作人员，故意提供虚假资料，隐匿、伪造、篡改或者毁损交易记录，诱骗投资者买卖证券的，撤销证券从业资格，并处以三万元以上十万元以下的罚款。
   Ⅰ. 证券交易所　　　　　　　　　Ⅱ. 证券公司
   Ⅲ. 证券登记结算机构　　　　　　Ⅳ. 证券服务机构
   A. Ⅰ、Ⅱ　　B. Ⅲ、Ⅳ　　C. Ⅰ、Ⅱ、Ⅲ　　D. Ⅰ、Ⅱ、Ⅲ、Ⅳ

7. 有限责任公司公开发行公司债券应当符合（　　）。
   Ⅰ. 净资产不低于人民币六千万元
   Ⅱ. 累计债券余额不超过公司净资产的40%
   Ⅲ. 最近三年平均可分配利润足以支付公司债券一年的利息
   Ⅳ. 债券的利率不超过国务院限定的利率水平
   A. Ⅰ、Ⅱ、Ⅲ、Ⅳ　　　　　　　B. Ⅱ、Ⅲ、Ⅳ
   C. Ⅰ、Ⅲ、Ⅳ　　　　　　　　　D. Ⅰ、Ⅱ、Ⅲ

8. 证券公司对其证券自营业务与其他业务不依法分开办理，混合操作的，对直接负责的主管人员和其他直接责任人员给予警告，并处以三万元以上十万元以下的罚款，情节严重的，可撤销其（　　）。
   Ⅰ. 营业执照　　Ⅱ. 任职资格　　Ⅲ. 证券从业资格　　Ⅳ. 生产许可证
   A. Ⅰ、Ⅱ　　B. Ⅰ、Ⅳ　　C. Ⅱ、Ⅲ　　D. Ⅰ、Ⅱ、Ⅲ、Ⅳ

9. 基金管理人、托管人固有财产的债务与其管理的基金财产的债权，以下说法不正确的是（　　）。
   Ⅰ. 可以通过另行签订协议的方式抵销　　Ⅱ. 不得抵销
   Ⅲ. 可以直接抵销　　　　　　　　　　　Ⅳ. 不得全部抵销，可以部分抵销
   A. Ⅰ、Ⅲ　　B. Ⅲ、Ⅳ　　C. Ⅰ、Ⅱ、Ⅲ　　D. Ⅰ、Ⅱ、Ⅲ、Ⅳ

10. 根据《期货交易管理条例》，客户可以通过（ ）向期货公司下达交易指令。
   Ⅰ. 书面方式   Ⅱ. 电话方式   Ⅲ. 口头方式   Ⅳ. 互联网方式
   A. Ⅰ、Ⅱ、Ⅲ   B. Ⅰ、Ⅱ、Ⅳ   C. Ⅰ、Ⅲ、Ⅳ   D. Ⅱ、Ⅲ、Ⅳ

11. 证券公司违反《证券公司监督管理条例》的规定，有下列（ ）情形之一的，采取行政处罚措施。
   Ⅰ. 违反规定委托其他单位或者个人进行客户招揽、客户服务或者产品销售活动
   Ⅱ. 从事资产管理业务，接受单一客户的单笔委托价值低于规定的最低限额
   Ⅲ. 违反规定委托他人代为买卖证券
   Ⅳ. 从事证券自营业务、证券资产管理业务，投资范围或者投资比例违反规定
   A. Ⅱ、Ⅳ   B. Ⅰ、Ⅱ、Ⅲ   C. Ⅰ、Ⅲ、Ⅳ   D. Ⅰ、Ⅱ、Ⅲ、Ⅳ

12. 在（ ）情形下，可以动用客户的交易结算资金或者委托资金。
   Ⅰ. 客户进行证券的申购、证券交易的结算
   Ⅱ. 客户提款
   Ⅲ. 客户支付与证券交易有关的佣金
   Ⅳ. 客户支付与证券交易有关的费用
   A. Ⅱ、Ⅳ   B. Ⅰ、Ⅱ、Ⅲ   C. Ⅰ、Ⅲ、Ⅳ   D. Ⅰ、Ⅱ、Ⅲ、Ⅳ

13. 证券、期货投资咨询人员申请取得证券、期货投资咨询从业资格，应当提交下列（ ）文件。
   Ⅰ. 身份证
   Ⅱ. 学历证书
   Ⅲ. 参加证券、期货从业人员资格考试的成绩单
   Ⅳ. 所在单位开具的以往行为说明材料
   A. Ⅱ、Ⅳ   B. Ⅲ、Ⅳ   C. Ⅰ、Ⅱ、Ⅲ   D. Ⅰ、Ⅱ、Ⅲ、Ⅳ

14. 根据《证券业从业人员资格管理办法》的有关规定，取得证券从业资格的人员，通过证券机构申请执业证书时，应符合以下（ ）条件。
   Ⅰ. 最近2年未受过刑事处罚
   Ⅱ. 未被中国证监会认定为证券市场禁入者
   Ⅲ. 已被证券经营机构聘用
   Ⅳ. 具有良好的职业道德
   A. Ⅰ、Ⅱ、Ⅲ   B. Ⅰ、Ⅱ、Ⅳ   C. Ⅱ、Ⅲ、Ⅳ   D. Ⅰ、Ⅱ、Ⅲ、Ⅳ

15. 证券公司员工或其经纪人在执业过程中禁止（ ）。
   Ⅰ. 接受客户的全权委托
   Ⅱ. 对客户买卖证券承诺收益或赔偿
   Ⅲ. 为获取交易佣金或其他利益，诱导客户进行不必要的证券买卖
   Ⅳ. 侵占、损害客户的合法权益，挪用客户的资金或证券
   A. Ⅰ、Ⅱ   B. Ⅱ、Ⅲ   C. Ⅲ、Ⅳ   D. Ⅰ、Ⅱ、Ⅲ、Ⅳ

16. 中国证监会可以对保荐机构、保荐代表人、保荐业务负责人采取的监管措施包括（ ）。

Ⅰ．监管谈话、重点关注
Ⅱ．责令进行业务学习、出具警示函
Ⅲ．没收违法所得、没收非法财物
Ⅳ．责令公开说明、认定为不适当人选
A．Ⅰ、Ⅱ　　　B．Ⅲ、Ⅳ　　　C．Ⅰ、Ⅱ、Ⅳ　　　D．Ⅰ、Ⅲ、Ⅳ

17. 经证监会核准可依照《上市公司并购重组财务顾问业务管理办法》的规定从事上市公司并购重组财务顾问业务的机构是（　　）。
Ⅰ．具有上市公司并购重组财务顾问业务资格的证券公司
Ⅱ．具有上市公司并购重组财务顾问业务资格的证券投资咨询机构
Ⅲ．会计师事务所
Ⅳ．律师事务所
A．Ⅰ、Ⅱ　　　B．Ⅰ、Ⅲ　　　C．Ⅱ、Ⅲ　　　D．Ⅰ、Ⅱ、Ⅲ、Ⅳ

18. 境内自然人申请开立证券账户，需提供的材料有（　　）。
Ⅰ．住址证明
Ⅱ．客户本人填写的"自然人证券账户注册申请表"
Ⅲ．单位介绍信或街道证明
Ⅳ．本人有效身份证明文件及复印件
A．Ⅰ、Ⅱ　　　B．Ⅰ、Ⅲ　　　C．Ⅱ、Ⅲ　　　D．Ⅱ、Ⅳ

19. 境内法人客户办理撤销指定交易和转托管业务时，需提交（　　）。
Ⅰ．预留印鉴　　Ⅱ．资金账户卡　　Ⅲ．代理人身份证　　Ⅳ．证券账户卡
A．Ⅰ、Ⅱ、Ⅲ、Ⅳ　　　B．Ⅱ、Ⅲ、Ⅳ
C．Ⅰ、Ⅱ、Ⅳ　　　D．Ⅰ、Ⅱ、Ⅲ

20. 下列属于证券公司客户服务方式的有（　　）。
Ⅰ．直接买卖建议　　　　Ⅱ．电话服务中心
Ⅲ．邮寄服务　　　　　　Ⅳ．互联网的应用
A．Ⅰ、Ⅱ、Ⅲ　　　B．Ⅰ、Ⅱ、Ⅳ　　　C．Ⅱ、Ⅲ、Ⅳ　　　D．Ⅰ、Ⅱ、Ⅲ、Ⅳ

21. 下列选项中，属于证券经纪业务中技术风险防范措施的有（　　）。
Ⅰ．制定并严格执行信息系统运行管理制度
Ⅱ．建立完善的信息技术系统及相应的容错备份系统和灾难备份系统
Ⅲ．加强证券营业部的信息系统建设和管理
Ⅳ．建立经纪业务营销和账户管理操作信息管理系统
A．Ⅱ、Ⅲ、Ⅳ　　　B．Ⅰ、Ⅲ、Ⅳ　　　C．Ⅰ、Ⅱ、Ⅳ　　　D．Ⅰ、Ⅱ、Ⅲ

22. 投资者办理证券转托管时，转出证券营业部受理投资者申请时，需核对投资者的（　　）。
Ⅰ．证券账户　　　　　　Ⅱ．家庭住址
Ⅲ．身份证　　　　　　　Ⅳ．转入证券营业部席位代码
A．Ⅰ、Ⅱ、Ⅲ　　　B．Ⅰ、Ⅱ、Ⅳ　　　C．Ⅰ、Ⅲ、Ⅳ　　　D．Ⅱ、Ⅲ、Ⅳ

23. 在我国，关于证券经纪业务，下列表述正确的有（　　）。

Ⅰ．证券公司在经纪业务中赚取买卖差价
Ⅱ．证券公司不承担客户交易中的价格风险
Ⅲ．证券公司与客户是代理委托关系
Ⅳ．证券公司为客户提供服务，佣金是其主要的业务收入
A．Ⅱ、Ⅲ、Ⅳ　　　B．Ⅰ、Ⅲ、Ⅳ　　　C．Ⅰ、Ⅱ、Ⅳ　　　D．Ⅰ、Ⅱ、Ⅲ

24．证券经纪业务的基本要素主要包括（　　）。
Ⅰ．结算清算　　　　　　　　Ⅱ．市场席位进入
Ⅲ．传递交易　　　　　　　　Ⅳ．客户资产保值增值
A．Ⅰ、Ⅱ、Ⅲ、Ⅳ　　　　　　B．Ⅱ、Ⅲ、Ⅳ
C．Ⅰ、Ⅱ、Ⅳ　　　　　　　　D．Ⅰ、Ⅱ、Ⅲ

25．证券投资顾问服务与发布证券研究报告的区别主要体现在（　　）不同。
Ⅰ．服务方式　　Ⅱ．市场影响　　Ⅲ．服务内容　　Ⅳ．服务对象
A．Ⅰ、Ⅱ、Ⅲ、Ⅳ　　　　　　B．Ⅰ、Ⅱ、Ⅳ
C．Ⅰ、Ⅱ、Ⅲ　　　　　　　　D．Ⅰ、Ⅱ

26．2011年发布的《关于规范面向公众开展的证券投资咨询业务行为若干问题的通知》的核心内容包括（　　）。
Ⅰ．执业注册　　Ⅱ．执业披露　　Ⅲ．执业隔离　　Ⅳ．执业回避
A．Ⅰ、Ⅱ、Ⅲ　　　B．Ⅰ、Ⅱ、Ⅳ　　　C．Ⅰ、Ⅲ、Ⅳ　　　D．Ⅱ、Ⅲ、Ⅳ

27．下列关于证券投资顾问业务管理的基本要求的说法，正确的是（　　）。
Ⅰ．具备证券从业资格的人员，即可向客户提供证券投资咨询服务
Ⅱ．证券公司应当制定证券投资顾问人员管理制度，加强对证券投资顾问人员注册登记、岗位职责、执业行为的管理
Ⅲ．证券公司应当建立健全证券投资顾问业务管理制度、合规管理和风险控制机制
Ⅳ．证券公司从事证券投资顾问业务，应当保证证券投资顾问人员的数量、业务能力、合规管理和风险控制与服务方式、业务规模相适应
A．Ⅰ、Ⅳ　　　B．Ⅰ、Ⅱ、Ⅲ　　　C．Ⅱ、Ⅲ、Ⅳ　　　D．Ⅰ、Ⅱ、Ⅲ、Ⅳ

28．证券公司存在下列（　　）情形的，不得担任独立财务顾问。
Ⅰ．持有上市公司4.01%的股份
Ⅱ．选派代表担任上市公司董事
Ⅲ．上市公司通过协议与他人共同持有财务顾问的股份达到或者超过5%
Ⅳ．近1年财务顾问为上市公司提供融资服务
A．Ⅰ、Ⅱ、Ⅲ　　　B．Ⅰ、Ⅲ、Ⅳ　　　C．Ⅱ、Ⅲ、Ⅳ　　　D．Ⅰ、Ⅱ、Ⅲ、Ⅳ

29．保荐机构的持续督导内容有（　　）。
Ⅰ．关注发行人为他人提供担保事项，并发表意见
Ⅱ．防止大股东和其他关联方违规占用发行人资源
Ⅲ．防止公司高管人员利用职务之便损害发行人利益
Ⅳ．保障关联交易的公允性和合规性，并对关联交易发表意见
A．Ⅰ、Ⅱ、Ⅳ　　　　　　　　B．Ⅱ、Ⅲ、Ⅳ

C. Ⅰ、Ⅱ、Ⅳ   D. Ⅰ、Ⅱ、Ⅲ

30. 下列关于公司收购活动中财务顾问的陈述，正确的有（   ）。
    Ⅰ. 一家财务顾问不能同时为两家以上公司服务
    Ⅱ. 一家财务顾问不能同时为收购公司和目标公司服务
    Ⅲ. 证券公司可以担任财务顾问
    Ⅳ. 收购公司和目标公司一般都要聘请财务顾问
    A. Ⅰ、Ⅱ、Ⅲ   B. Ⅰ、Ⅱ、Ⅳ   C. Ⅰ、Ⅱ、Ⅲ、Ⅳ   D. Ⅱ、Ⅲ、Ⅳ

31. 上市公司重大资产重组中上市公司的收购人购买的资产总额，占上市公司控制权发生变更的前一个会计年度经审计的期末资产总额比例达到100%以上的，上市公司购买的资产要求有（   ）。
    Ⅰ. 该资产对应的经营实体最近两年净利润均为正数
    Ⅱ. 该资产对应的经营实体最近两年净利润累计超过2000万元
    Ⅲ. 经营实体形式一般为有限责任公司或股份有限公司
    Ⅳ. 该资产对应的经营实体持续经营时间应在3年以上
    A. Ⅰ、Ⅱ   B. Ⅱ、Ⅲ   C. Ⅰ、Ⅳ   D. Ⅲ、Ⅳ

32. 上市公司公开发行新股招股说明书中，下列关于上市公司历次募集资金运用的表述正确的有（   ）。
    Ⅰ. 发行人应披露最近3年内募集资金运用的基本情况
    Ⅱ. 发行人对前次募集资金投资项目的效益作出承诺并披露的，列表披露投资项目效益情况，项目实际效益与承诺效益存在重大差异的，还应披露原因
    Ⅲ. 发行人应列表披露前次募集资金实际使用情况，若募集资金的运用和项目未达到计划进度和效益，应进行说明
    Ⅳ. 发行人通常应披露会计师事务所对前次募集资金运用所出具的专项报告结论
    A. Ⅰ、Ⅱ、Ⅳ   B. Ⅰ、Ⅱ、Ⅲ   C. Ⅱ、Ⅲ、Ⅳ   D. Ⅰ、Ⅱ、Ⅲ、Ⅳ

33. 主承销商对（   ）的评价对象不得配售股票。
    Ⅰ. 在询价过程中可能违反诚信原则，但缺乏证据
    Ⅱ. 未在规定时间内足额划拨申购资金
    Ⅲ. 未在规定时间内报价
    Ⅳ. 账户资料与中国证券业协会登记的不一致
    A. Ⅱ、Ⅲ、Ⅳ   B. Ⅰ、Ⅲ、Ⅳ   C. Ⅰ、Ⅱ、Ⅳ   D. Ⅰ、Ⅱ、Ⅲ

34. 根据《证券发行与承销管理办法》，以下关于新股定价与配售的表述，正确的有（   ）。
    Ⅰ. 网下投资者被剔除的最高报价部分不得参与网下申购
    Ⅱ. 发行人和主承销商在剔除最高报价后，根据剩余报价及申购数量协商确定发行价格
    Ⅲ. 网下投资报价后，发行人和主承销商应当剔除拟申购总量中报价最高的部分，剔除部分不得低于所有网下投资
    Ⅳ. 网下投资者在剔除最高报价部分后有效报价投资者数量不足的，应当中止发行

A. Ⅱ、Ⅲ、Ⅳ　　　B. Ⅰ、Ⅲ、Ⅳ　　　C. Ⅰ、Ⅱ、Ⅳ　　　D. Ⅰ、Ⅱ、Ⅲ

35. 首次公开发行股票时发行人及主承销商可以（　　）。
　　Ⅰ. 向公众投资者进行询价　　　　Ⅱ. 向公众投资者进行推介
　　Ⅲ. 向询价对象进行询价　　　　　Ⅳ. 向询价对象进行推介
　　A. Ⅰ、Ⅱ　　　B. Ⅰ、Ⅳ　　　C. Ⅱ、Ⅲ　　　D. Ⅱ、Ⅳ

36. 以下关于新股发行的表述，正确的有（　　）。
　　Ⅰ. 推介和询价可以在招股意向书刊登前进行
　　Ⅱ. 推介活动中向网上和网下投资者提供的信息可以不一致
　　Ⅲ. 发行信息要及时披露
　　Ⅳ. 发行价格可以通过向网下投资者询价的方式确定
　　A. Ⅲ、Ⅳ　　　B. Ⅱ、Ⅳ　　　C. Ⅱ、Ⅲ　　　D. Ⅰ、Ⅱ

37. 发行人首次公开发行股票申请文件受理后，发行人能够预先披露招股说明书的网点包括（　　）。
　　Ⅰ. 发行人网站　　　　　　　　　Ⅱ. 中国证监会网站
　　Ⅲ. 中国证券报网站　　　　　　　Ⅳ. 证券交易所网站
　　A. Ⅲ、Ⅳ　　　B. Ⅱ、Ⅳ　　　C. Ⅱ、Ⅲ　　　D. Ⅰ、Ⅱ

38. 证券公司从事证券自营业务的，投资决策机构负责确定具体的（　　）等。
　　Ⅰ. 资产配置策略　　　　　　　　Ⅱ. 投资事项
　　Ⅲ. 投资品种　　　　　　　　　　Ⅳ. 自营业务规模
　　A. Ⅰ、Ⅱ、Ⅲ、Ⅳ　　　　　　　B. Ⅰ、Ⅲ、Ⅳ
　　C. Ⅱ、Ⅳ　　　　　　　　　　　D. Ⅱ、Ⅲ

39. 证券公司自营业务部门的职责不包括（　　）。
　　Ⅰ. 自营账户开户　　　　　　　　Ⅱ. 自营账户使用登记
　　Ⅲ. 自营账户销户　　　　　　　　Ⅳ. 自营业务所需资金的调度
　　A. Ⅰ、Ⅱ　　　B. Ⅰ、Ⅲ、Ⅳ　　　C. Ⅱ、Ⅲ、Ⅳ　　　D. Ⅰ、Ⅱ、Ⅲ、Ⅳ

40. 关于证券公司从事金融衍生产品交易的说法，正确的有（　　）。
　　Ⅰ. 具备证券自营业务资格的证券公司可以从事不以对冲风险为目的的金融衍生产品交易
　　Ⅱ. 具备证券自营业务资格的证券公司可以从事以对冲风险为目的的金融衍生产品交易
　　Ⅲ. 不具备证券自营业务资格的证券公司可以从事不以对冲风险为目的的金融衍生产品交易
　　Ⅳ. 不具备证券自营业务资格的证券公司可以从事以对冲风险为目的的金融衍生产品交易
　　A. Ⅱ、Ⅲ、Ⅳ　　　B. Ⅰ、Ⅱ、Ⅳ　　　C. Ⅰ、Ⅲ　　　D. Ⅰ、Ⅱ

41. 关于集合资产管理计划的估值，证券公司应该做到的是（　　）。
　　Ⅰ. 应当制定健全、有效的估值政策和程序
　　Ⅱ. 应当定期对估值政策和程序执行效果进行评估

Ⅲ. 保证估值公平、合理
A. Ⅰ、Ⅱ、Ⅲ   B. Ⅱ、Ⅲ   C. Ⅰ、Ⅲ   D. Ⅰ、Ⅱ

42. 证券公司从事定向资产管理业务，应当建立健全（   ）、风险控制等制度。
Ⅰ. 投资决策   Ⅱ. 公平交易   Ⅲ. 会计核算   Ⅳ. 合规管理
A. Ⅰ、Ⅱ、Ⅲ   B. Ⅰ、Ⅲ、Ⅳ   C. Ⅱ、Ⅲ、Ⅳ   D. Ⅰ、Ⅱ、Ⅲ、Ⅳ

43. 下列关于证券公司资产管理业务管理的基本原则描述中，正确的是（   ）。
Ⅰ. 证券公司应按资产管理合同约定对客户资产进行经营运作
Ⅱ. 当资产管理业务与证券公司其他业务组合操作时，应依靠健全的风险控制制度控制风险
Ⅲ. 证券公司应当在内部实行集中运营管理，对外统一签订资产管理合同，并设专门部门负责资产管理业务
Ⅳ. 未取得资产管理业务资格的证券公司不得从事资产管理业务
A. Ⅰ、Ⅱ、Ⅲ   B. Ⅰ、Ⅲ、Ⅳ   C. Ⅰ、Ⅱ、Ⅳ   D. Ⅱ、Ⅲ、Ⅳ

44. 下列关于集合资产管理计划账户的表述，资产托管机构正确的做法是（   ）。
Ⅰ. 应当为每个集合计划开立专门的资金账户
Ⅱ. 为每个集合计划在证券登记结算机构开立专门的证券账户
Ⅲ. 资金账户名称应当是"集合资产管理计划名称"
Ⅳ. 证券账户名称应当是"证券公司名称—资产托管机构名称—集合资产管理计划名称"
A. Ⅰ、Ⅱ、Ⅲ、Ⅳ   B. Ⅱ、Ⅲ、Ⅳ
C. Ⅲ、Ⅳ   D. Ⅰ、Ⅱ

45. 证券金融公司的资金，可以用于以下用途（   ）。
Ⅰ. 履行证监会规定的转融通职责   Ⅱ. 购买国债
Ⅲ. 购置自用不动产   Ⅳ. 维持公司正常运转
A. Ⅰ、Ⅱ   B. Ⅰ、Ⅲ、Ⅳ   C. Ⅱ、Ⅲ、Ⅳ   D. Ⅰ、Ⅱ、Ⅲ、Ⅳ

46. 证券公司从事中间介绍业务，应当与期货公司签订书面委托协议，委托协议应当载明的事项包括（   ）。
Ⅰ. 介绍业务的范围
Ⅱ. 从证券资金账户为客户划转期货保证金的规则
Ⅲ. 执行期货保证金安全存管制度的措施
Ⅳ. 代理客户进行期货交易的授权认证方式
A. Ⅰ、Ⅱ   B. Ⅰ、Ⅲ   C. Ⅱ、Ⅳ   D. Ⅰ、Ⅲ、Ⅳ

47. 证券公司在中间介绍业务中，不得为从事期货交易的客户提供下列（   ）服务。
Ⅰ. 间接为期货交易提供担保   Ⅱ. 代客户保管交易密码
Ⅲ. 为期货交易提供融资   Ⅳ. 提供期货行情信息
A. Ⅱ、Ⅳ   B. Ⅰ、Ⅱ、Ⅲ   C. Ⅰ、Ⅲ、Ⅳ   D. Ⅰ、Ⅱ、Ⅲ、Ⅳ

48. 下列（   ）属于证券公司开展直投业务的业务范围。
Ⅰ. 使用自有资金对境内企业进行股权投资

Ⅱ. 设立直投基金，对企业进行股权投资
Ⅲ. 为客户提供股权投资的财务顾问服务
Ⅳ. 筹集并管理客户资金对上市公司证券进行投资
A. Ⅰ、Ⅱ B. Ⅰ、Ⅲ C. Ⅰ、Ⅱ、Ⅲ D. Ⅱ、Ⅲ、Ⅳ

49. 以下关于欺诈发行股票、债券罪的构成要素表述正确的是（　　）。
Ⅰ. 本罪犯罪主体只能为单位
Ⅱ. 主观上过失可构成本罪
Ⅲ. 伪造、变造国家公文、有效证明文件或相关凭证、单据的应当予以追诉
Ⅳ. 犯罪客体为侵犯了公私财产所有权
A. Ⅲ、Ⅳ B. Ⅰ、Ⅲ C. Ⅰ、Ⅱ D. Ⅲ

50. 在因虚假陈述引发的民事赔偿案件中，投资人（　　）的，应当认定虚假陈述与损害结果之间存在因果关系。
Ⅰ. 所投资的是与虚假陈述直接关联的证券
Ⅱ. 明知虚假陈述存在而进行投资
Ⅲ. 在虚假陈述实施日及以后，至揭露日或更正日之前买入该证券
Ⅳ. 恶意投资、操纵证券价格
A. Ⅱ、Ⅳ B. Ⅱ、Ⅲ C. Ⅰ、Ⅳ D. Ⅰ、Ⅲ

模拟试卷（二）参考答案及解析

一、单项选择题

1. 【答案】 C
【解析】《上市公司重大资产重组管理办法》是为了规范上市公司重大资产重组行为，保护上市公司和投资者的合法权益，促进上市公司质量不断提高，维护证券市场秩序和社会公共利益，根据《公司法》、《证券法》等法律、行政法规的规定制定的，属于部门规章层级。

2. 【答案】 C
【解析】C项，记名股票被盗、遗失或者灭失，股东可以依法请求人民法院宣告该股票失效。人民法院通过公示催告程序宣告记名股票无效后，股东可以依据《公司法》第一百四十三条规定，请求公司向其补发股票。

3. 【答案】 D
【解析】根据《公司法》第十六条，公司为公司股东或者实际控制人提供担保的，必须经股东会或者股东大会决议。

4. 【答案】 D
【解析】D项，监事会应当包括股东代表和适当比例的公司职工代表，其中职工代表的比例不得低于1/3，具体比例由公司章程规定。

5. 【答案】 B
【解析】国有独资公司，是指国家单独出资、由国务院或者地方人民政府授权本级人民

政府国有资产监督管理机构履行出资人职责的有限责任公司。

6.【答案】 D

【解析】根据《公司法》第九十一条，发起人、认股人缴纳股款或者交付抵作股款的出资后，除未按期募足股份、发起人未按期召开创立大会或者创立大会决议不设立公司的情形外，不得抽回其股本。

7.【答案】 D

【解析】根据《证券法》第四十条，证券在证券交易所上市交易，应当采用公开的集中交易方式或者国务院证券监督管理机构批准的其他方式。

8.【答案】 B

【解析】根据《证券法》第三十三条，证券的代销、包销期限最长不得超过90日。

9.【答案】 A

【解析】公司董事会未在题干所述期限内执行的，股东有权为了公司的利益以自己的名义直接向人民法院提起诉讼。但是，证券公司因包销购入售后剩余股票而持有5%以上股份的，卖出该股票不受六个月时间限制。

10.【答案】 D

【解析】根据《证券法》第四十八条，申请证券上市交易，应当向证券交易所提出申请，由证券交易所依法审核同意，并由双方签订上市协议。证券交易所根据国务院授权的部门的决定安排政府债券上市交易。

11.【答案】 C

【解析】根据《证券投资基金法》第九十四条，非公开募集基金财产的证券投资，包括买卖公开发行的股份有限公司股票、债券、基金份额，以及国务院证券监督管理机构规定的其他证券及其衍生品种。

12.【答案】 C

【解析】根据《证券投资基金法》第十三条，设立管理公开募集基金的基金管理公司，应当具备的条件之一是注册资本不低于一亿元人民币，且必须为实缴货币资本。

13.【答案】 A

【解析】根据《期货交易管理条例》第十二条规定：当期货市场出现异常情况时，期货交易所可以按照其章程规定的权限和程序，决定采取紧急措施，并应当立即报告国务院期货监督管理机构。

14.【答案】 D

【解析】根据《期货交易管理条例》第二十八条，期货交易应当严格执行保证金制度。期货交易所向会员、期货公司向客户收取的保证金，不得低于国务院期货监督管理机构、期货交易所规定的标准，并应当与自有资金分开，专户存放。期货交易所向会员收取的保证金，属于会员所有，除用于会员的交易结算外，严禁挪作他用。

15.【答案】 B

【解析】根据《证券公司监督管理条例》规定，证券公司经营证券经纪业务、证券资产管理业务、融资融券业务和证券承销与保荐业务中两种以上业务的，其董事会应当设薪酬与提名委员会、审计委员会和风险控制委员会，行使公司章程规定的职权。证券公司董事会设薪酬与提名委员会、审计委员会的，委员会负责人由独立董事担任。

16. 【答案】 A

【解析】证券公司的年度报告应由证券公司的董事、高级管理人员签署确认意见；月度报告应由经营管理的主要负责人和财务负责人签署确认意见。在证券公司年度报告、月度报告上签字的人员，应当保证报告的内容真实、准确、完整；对报告内容持有异议的，应当注明自己的意见和理由。

17. 【答案】 A

【解析】根据《证券业从业人员资格管理办法》第四条，从事证券业务的专业人员是指：①证券公司中从事自营、经纪、承销、投资咨询、受托投资管理等业务的专业人员，包括相关业务部门的管理人员；②基金管理公司、基金托管机构中从事基金销售、研究分析、投资管理、交易、监察稽核等业务的专业人员；③基金销售机构中从事基金宣传、推销、咨询等业务的专业人员，包括相关业务部门的管理人员；④证券投资咨询机构中从事证券投资咨询业务的专业人员及其管理人员；⑤证券资信评估机构中从事证券资信评估业务的专业人员及其管理人员；⑥中国证监会规定需要取得从业资格和执业证书的其他人员。

18. 【答案】 C

【解析】证券公司应当将研究部门或者研究子公司中签订劳动合同、取得证券投资咨询执业资格且实际从事发布证券研究报告业务的人员，申请注册登记为证券分析师。

19. 【答案】 A

【解析】财务顾问及其财务顾问主办人被证监会责令改正的，在改正期间，或者按照要求完成整改并经中国证监会验收合格之前，不得接受新的上市公司并购重组财务顾问业务。

20. 【答案】 B

【解析】根据《中国证券业协会诚信管理办法》第二十三条，诚信信息查询记录应当包括诚信信息的查询者、查询对象、查询原因、查询内容、查询时间等情况。查询记录自该记录生成之日起保存5年。

21. 【答案】 D

【解析】根据《证券经纪人管理暂行规定》第九条，证券公司终止与证券经纪人的委托关系的，应当收回其证券经纪人证书，并自委托关系终止之日起5个工作日内向协会注销该人员的执业注册登记。

22. 【答案】 C

【解析】境内自然人申请开立B股账户，须先开立B股资金账户。即境内居民个人需凭本人有效的身份证明文件到其原外汇存款银行，将其可投资B股的外汇资金转入本人欲委托买卖B股的证券公司的B股保证金账户，然后凭本人有效身份证明和本人进账凭证到该证券公司开立B股资金账户，最后凭B股资金账户开户证明开立B股账户。

23. 【答案】 C

【解析】客户招揽即证券经纪业务营销人员通过营销渠道，采取多种促销方式，与客户建立关系并促成交易的过程。客户招揽包括目标市场选择、营销渠道选择、客户关系建立和客户促成等内容。

24. 【答案】 A

【解析】集中性市场营销策略又称密集性策略，是指公司集中所有力量来满足一个或几个细分市场的需求，追求的是在一个或几个较小的细分市场上取得较高的市场占有率。

25. 【答案】 C

【解析】针对直接关系型的客户，营销人员常采用缘故法营销，即利用营销人员个人的生活与工作经历所建立的人际关系进行客户开发。

26. 【答案】 C

【解析】中国证券业协会对证券公司、证券投资咨询机构发布证券研究报告行为实行自律管理，并依据有关法律、行政法规和本规定，制定相应的职业规范和行为准则。

27. 【答案】 B

【解析】根据《证券法》第一百七十一条，投资咨询机构及其从业人员从事证券服务业务，不得代理委托人从事证券投资。因此，目前证券投资咨询机构从事定向资产管理业务存在实质法律障碍。

28. 【答案】 B

【解析】证券公司在证券经纪服务基础上，向经纪客户提供证券投资顾问增值服务。证券公司总部建立投资顾问服务管理部门或者服务中心，证券营业部建立投资顾问服务团队。

29. 【答案】 C

【解析】《上市公司重大资产重组管理办法》（2014年10月修订）第四十六条规定，特定对象以资产认购而取得的上市公司股份，自股份发行结束之日起12个月内不得转让。

30. 【答案】 A

【解析】上市公司实施重大资产重组，应当有利于上市公司在业务、资产、财务、人员、机构等方面与实际控制人及其关联人保持独立，符合中国证监会关于上市公司独立性的相关规定。

31. 【答案】 B

【解析】上市公司发行股份购买资产，应当在相关资产过户完成后3个工作日内就过户情况作出公告，公告中应当包括独立财务顾问和律师事务所的结论性意见。

32. 【答案】 C

【解析】根据《上市公司收购管理办法》第六十五条，收购人聘请的财务顾问应当履行的职责之一是与收购人签订协议，在收购完成后12个月内，持续督导收购人遵守法律、行政法规、中国证监会的规定、证券交易所规则、上市公司章程，依法行使股东权利，切实履行承诺或者相关约定。

33. 【答案】 C

【解析】根据《证券法》第一百九十二条，保荐人出具有虚假记载、误导性陈述或者重大遗漏的保荐书，或者不履行其他法定职责的，对直接负责的主管人员和其他直接责任人员给予警告，并处以三万元以上三十万元以下的罚款；情节严重的，撤销任职资格或者证券从业资格。

34. 【答案】 B

【解析】根据《证券发行上市保荐业务管理办法》第七十四条，保荐代表人在2个自然年度内被采取本办法第六十六条规定监管措施累计2次以上，中国证监会可6个月内不受理相关保荐代表人具体负责的推荐。

35. 【答案】 C

【解析】根据《上市公司信息披露管理办法》第二条，信息披露义务人应当真实、准确、完整、及时地披露信息，不得有虚假记载、误导性陈述或者重大遗漏。

36. 【答案】 C

【解析】首次公开发行股票并在创业板上市的，持续督导的期间为证券上市当年剩余时间及其后3个完整会计年度。持续督导的期间自证券上市之日起计算。

37. 【答案】 D

【解析】中国证监会不再对辅导期限作硬性要求。

38. 【答案】 A

【解析】根据《证券法》第八十条，禁止法人非法利用他人账户从事证券交易；禁止法人出借自己或者他人的证券账户。

39. 【答案】 C

【解析】根据《证券公司监督管理条例》第六十四条，证券公司年度报告中的财务会计报告、风险控制指标报告以及国务院证券监督管理机构规定的其他专项报告，应当经具有证券、期货相关业务资格的会计师事务所审计。证券公司年度报告应当附有该会计师事务所出具的内部控制评审报告。

40. 【答案】 D

【解析】D项，为了加强自营业务资金的调度管理和自营业务的会计核算，由非自营业务部门负责自营业务所需资金的调度和会计核算。

41. 【答案】 B

【解析】董事会是自营业务的最高决策机构，在严格遵守监管法规中关于自营业务规模等风险控制指标规定的基础上，根据公司资产、负债、损益和资本充足等情况确定自营业务规模、可承受的风险限额等，并以董事会决议的形式进行落实。

42. 【答案】 C

【解析】与经纪业务相比较，自营业务是证券公司为营利而自己买卖证券，经纪业务是证券公司代理客户买卖证券。

43. 【答案】 B

【解析】证券公司在证券承销过程中也可能有证券自营买入。如在股票承销中采用包销方式发行股票时，由于种种原因未能全额售出，按照协议，余额部分由证券公司买入。

44. 【答案】 B

【解析】证券公司自营业务的内部控制主要是应加强自营业务投资决策、资金、账户、清算、交易和保密等的管理，包括通过建立实时监控系统全方位监控自营业务的风险，建立有效的风险监控报告机制，定期向董事会和投资决策机构提供风险监控报告，并将有关情况通报自营业务部门、合规部门等相关部门。

45. 【答案】 A

【解析】A项，购买国债无法体现出公司的投资潜力，对公司未来成长性没有帮助。

46. 【答案】 C

【解析】题干中的表述是公正公平原则的定义。

47. 【答案】 D

【解析】根据《证券公司融资融券业务管理办法》第十三条，证券公司在向客户融资、融券前，应当与客户签订载有中国证券业协会规定的必备条款的融资融券合同。

48. 【答案】 D

【解析】A项，证券公司不得代理客户进行期货交易、结算或者交割；B项，证券公司不得代期货公司、客户收付期货保证金，不得利用证券资金账户为客户存取、划转期货保证金；C项，IB制度起源于美国。

49. 【答案】 B

【解析】金融债券是指依法在中华人民共和国境内设立的银行和非银行金融机构法人在全国银行间债券市场发行的、按约定还本付息的有价证券。这些金融机构法人（即发行主体）包括政策性银行、商业银行、企业集团财务公司及其他金融机构。

50. 【答案】 D

【解析】根据《证券法》第二百零二条，证券交易内幕信息的知情人或者非法获取内幕信息的人，在涉及证券的发行、交易或者其他对证券的价格有重大影响的信息公开前，买卖该证券，或者泄露该信息，或者建议他人买卖该证券的，责令依法处理非法持有的证券，没收违法所得，并处以违法所得1倍以上5倍以下的罚款。

二、组合选择题

1. 【答案】 A

【解析】证券市场的法律制度包括：证券发行（包括证券发行的信息披露）、证券交易、上市公司的收购、证券交易所、证券公司、证券登记结算机构、证券服务机构、证券业协会、证券监督管理机构以及法律责任等。

2. 【答案】 C

【解析】Ⅱ项，根据《公司法》第十二条，公司可以修改公司章程，改变经营范围，但是应当办理变更登记。

3. 【答案】 C

【解析】根据《公司法》第十六条，公司为公司股东或者实际控制人提供担保的，必须经股东会或者股东大会决议。

4. 【答案】 D

【解析】Ⅲ项，对公司增加或者减少注册资本作出决议是股东会的职权；Ⅳ项，制定公司的具体规章属于经理行使的职权。

5. 【答案】 B

【解析】根据《公司法》第二十三条，设立有限责任公司，除Ⅰ、Ⅱ、Ⅳ三项外，还应当具备下列条件：①股东符合法定人数；②股东共同制定公司章程。

6. 【答案】 D

【解析】根据《证券法》规定，证券交易所、证券公司、证券登记结算机构、证券服务机构的从业人员或者证券业协会的工作人员，故意提供虚假资料，隐匿、伪造、篡改或者毁损交易记录，诱骗投资者买卖证券的，撤销证券从业资格，并处以 3 万元以上 10 万元以下的罚款；属于国家工作人员的，还应当依法给予行政处分。

7. 【答案】 A

【解析】根据《证券法》第十六条，除Ⅰ、Ⅱ、Ⅲ、Ⅳ四项，公开发行公司债券还应当使筹集的资金投向符合国家产业政策并符合国务院规定的其他条件。

8. 【答案】 C

【解析】根据《证券法》第二百二十条，证券公司对其证券经纪业务、证券承销业务、证券自营业务、证券资产管理业务，不依法分开办理，混合操作的，责令改正，没收违法所得，并处以三十万元以上六十万元以下的罚款；情节严重的，撤销相关业务许可。对直接负责的主管人员和其他直接责任人员给予警告，并处以三万元以上十万元以下的罚款；情节严重的，撤销任职资格或者证券从业资格。

9. 【答案】 D

【解析】根据《证券投资基金法》第六条，基金财产的债权，不得与基金管理人、基金托管人固有财产的债务相抵销；不同基金财产的债权债务，不得相互抵销。

10. 【答案】 B

【解析】《期货交易管理条例》第二十六条，客户可以通过书面、电话、互联网或者国务院期货监督管理机构规定的其他方式，向期货公司下达交易指令。客户的交易指令应当明确、全面。期货公司不得隐瞒重要事项或者使用其他不正当手段诱骗客户发出交易指令。

11. 【答案】 D

【解析】根据《证券公司监督管理条例》的规定，有下列情形之一的，采取行政处罚措施：①违反规定委托其他单位或者个人进行客户招揽、客户服务或者产品销售活动；②向客户提供投资建议，对证券价格的涨跌或者市场走势做出确定性的判断；③违反规定委托他人代为买卖证券；④从事证券自营业务、证券资产管理业务，投资范围或者投资比例违反规定；⑤从事证券资产管理业务，接受一个客户的单笔委托资产价值低于规定的最低限额。

12. 【答案】 C

【解析】根据《证券公司监督管理条例》第六十条，除下列情形外，不得动用客户的交易结算资金或者委托资金：①客户进行证券的申购、证券交易的结算或者客户提款；②客户支付与证券交易有关的佣金、费用或者税款；③法律规定的其他情形。

13. 【答案】 D

【解析】根据《证券、期货投资咨询管理暂行办法》第十五条，证券、期货投资咨询人员申请取得证券、期货投资咨询从业资格，应当提交下列文件：①中国证监会统一印制的申请表；②身份证；③学历证书；④参加证券、期货从业人员资格考试的成绩单；⑤所在单位或者户口所在地街道办事处开具的以往行为说明材料；⑥中国证监会要求报送的其他材料。

14. 【答案】 C

【解析】取得从业资格的人员，符合下列条件的，可以通过证券经营机构申请统一的执业证书：①已被机构聘用；②最近 3 年未受过刑事处罚；③不存在我国《证券法》第一百三十二条规定的情形；④未被中国证监会认定为证券市场禁入者，或者已过禁入期的；⑤品行端正，具有良好的职业道德；⑥法律、行政法规和中国证监会规定的其他条件。

15. 【答案】 D

【解析】证券公司的从业人员特定禁止行为包括：①代理买卖或承销法律规定不得买卖或承销的证券；②违规向客户提供资金或有价证券；③侵占挪用客户资产或擅自变更委托投资范围；④在经纪业务中接受客户的全权委托；⑤对外透露自营买卖信息，将自营买卖的证券推荐给客户，或诱导客户买卖该种证券；⑥中国证监会、协会禁止的其他行为。

16. 【答案】 C

【解析】根据《证券发行上市保荐业务管理办法》第六十六条，保荐机构、保荐代表人、保荐业务负责人和内核负责人违反本办法，未诚实守信、勤勉尽责地履行相关义务的，中国证监会责令改正，并对其采取监管谈话、重点关注、责令进行业务学习、出具警示函、责令公开说明、认定为不适当人选等监管措施；依法应给予行政处罚的，依照有关规定进行处罚；情节严重涉嫌犯罪的，依法移送司法机关，追究其刑事责任。

17. 【答案】 A

【解析】根据《上市公司并购重组财务顾问业务管理办法》第二条，经中国证券监督管理委员会核准具有上市公司并购重组财务顾问业务资格的证券公司、证券投资咨询机构或者其他符合条件的财务顾问机构，可以依照本办法的规定从事上市公司并购重组财务顾问业务。

18. 【答案】 D

【解析】境内自然人申请开立证券账户，由客户本人填写"自然人证券账户注册申请表"，并提交本人有效身份证明文件及复印件。委托他人代办的，还需提供经公证的委托代办书、代办人的有效身份证明文件及复印件。

19. 【答案】 A

【解析】办理撤销指定交易和转托管业务时：①自然人客户持本人有效身份证明、证券账户卡、资金账户卡。未经授权委托但代理办理的，还应当提交经公证的委托代办书、代办人身份证及复印件。②法人客户持证券账户卡、代理人身份证、法人授权撤销指定交易/转托管委托书、资金账户卡、预留印鉴。

20. 【答案】 C

【解析】除Ⅱ、Ⅲ、Ⅳ三项外，目前通常使用的客户服务方式还有以下几种：①自动传真、电子信箱与手机短信服务；②"一对一"专人服务；③媒体和宣传手册的应用；④讲座、推介会和座谈会。

21. 【答案】 D

【解析】Ⅳ项属于管理风险防范的内容。

22. 【答案】 C

【解析】转出证券营业部受理投资者申请时，核对投资者的身份证、证券账户、转入证券营业部席位代码等内容。核对无误后，在投资者填写的转托管申请表上盖章确认，并将客户联交给投资者。

23. 【答案】 A

【解析】Ⅰ项，在证券经纪业务中，证券公司不赚取买卖差价，只收取一定比例的佣金作为业务收入。

24.【答案】 D

【解析】证券经纪业务的基本要素是市场席位进入、账户管理、结算清算，包括接受开户、接收下单、传递交易、验资验股、参与撮合等系列过程，以及客户资金和证券的存管、清算、交收等事项，其功能是帮助客户完成交易并保障证券交易通畅。

25.【答案】 A

【解析】证券投资顾问服务和证券研究报告都是提供帮助投资者作出投资决策的证券价值分析意见或者证券投资建议，均是证券经营机构服务客户的重要手段。但两者具有显著的区别，主要体现在下述方面：①立场不同；②服务方式和内容不同；③服务对象有所不同；④市场影响有所不同。

26.【答案】 D

【解析】《关于规范面向公众开展的证券投资咨询业务行为若干问题的通知》设置了对投资者、咨询机构及咨询人员、媒体的三重保护机制，其核心内容是执业回避、执业披露和执业隔离，其规范方式是事前预防与事后查处相结合。

27.【答案】 C

【解析】Ⅰ项，根据《证券投资顾问业务暂行规定》第七条，向客户提供证券投资顾问服务的人员，应当具有证券投资咨询执业资格，并在中国证券业协会注册登记为证券投资顾问。

28.【答案】 C

【解析】Ⅰ项，持有或者通过协议、其他安排与他人共同持有上市公司股份达到或者超过5%的证券公司、证券投资咨询机构或者其他财务顾问机构不得担任独立财务顾问。

29.【答案】 A

【解析】除Ⅰ、Ⅱ、Ⅲ、Ⅳ四项外，保荐机构持续督导的内容还包括持续关注发行人募集资金的专户存储、投资项目的实施等承诺事项。

30.【答案】 D

【解析】在公司收购活动中，收购公司和目标公司一般都要聘请证券公司等作为财务顾问。一家财务顾问可以为收购公司服务，也可以为目标公司服务，但不能同时为收购公司和目标公司服务。

31.【答案】 D

【解析】Ⅰ、Ⅱ两项，根据《首次公开发行股票并上市管理办法》第二十六条，发行人最近3个会计年度净利润均为正数且累计超过人民币3000万元，净利润以扣除非经常性损益前后较低者为计算依据。

32.【答案】 C

【解析】Ⅰ项，发行人应披露最近5年内募集资金运用的基本情况。

33.【答案】 A

【解析】主承销商对有下列情形之一的询价对象不得配售股票：①采用询价方式定价但未参与初步询价；②询价对象或者股票配售对象的名称、账户资料与中国证券业协会登记的不一致；③未在规定时间内报价或者足额划拨申购资金；④有证据表明在询价过程中有违法违规或者违反诚信原则的情形。

34. 【答案】 C

【解析】Ⅲ项，根据《证券发行与承销管理办法》第七条，首次公开发行股票采用询价方式的，网下投资者报价后，发行人和主承销商应当剔除拟申购总量中报价最高的部分，剔除部分不得低于所有网下投资者拟申购总量的10%。

35. 【答案】 C

【解析】首次公开发行股票招股意向书刊登后，发行人和主承销商可以向网下投资者进行推介和询价，并通过互联网等方式向公众投资者进行推介。

36. 【答案】 A

【解析】Ⅰ项，首次公开发行股票招股意向书刊登后，发行人及其主承销商可以向询价对象进行推介和询价，并通过互联网等方式向公众投资者进行推介。Ⅱ项，推介活动中向网上和网下投资者提供的信息必须一致。

37. 【答案】 D

【解析】根据《关于进一步深化新股发行体制改革的指导意见》，发行人应当将招股说明书（申报稿）在中国证监会网站预先披露。发行人可以将招股说明书（申报稿）刊登于其公司网站，但披露内容应当完全一致，且不得早于在中国证监会网站的披露时间。

38. 【答案】 D

【解析】投资决策机构是自营业务投资运作的最高管理机构，负责确定具体的资产配置策略、投资事项和投资品种等。

39. 【答案】 D

【解析】根据《证券公司证券自营业务指引》第九条，自营业务必须以证券公司自身名义、通过专用自营席位进行，并由非自营业务部门负责自营账户的管理，包括开户、销户、使用登记等。根据该《指引》第十条，加强自营业务资金的调度管理和自营业务的会计核算，由非自营业务部门负责自营业务所需资金的调度。

40. 【答案】 B

【解析】根据《关于证券公司证券自营业务投资范围及有关事项的规定》第五条，具备证券自营业务资格的证券公司可以从事金融衍生产品交易。不具备证券自营业务资格的证券公司只能以对冲风险为目的，从事金融衍生产品交易。

41. 【答案】 A

【解析】根据《证券公司客户资产管理业务管理办法》第二十条，证券公司应当根据有关法律法规，制定健全、有效的估值政策和程序，并定期对其执行效果进行评估，保证集合资产管理计划估值的公平、合理。

42. 【答案】 D

【解析】根据《证券公司定向资产管理业务实施细则》第三十六条，证券公司从事定向资产管理业务，应当建立健全投资决策、公平交易、会计核算、风险控制、合规管理等制度，规范业务运作，控制业务风险，保护客户合法权益。

43. 【答案】 B

【解析】Ⅱ项，根据《证券公司客户资产管理业务管理办法》第七条，证券公司从事客户资产管理业务，应当建立健全风险控制制度和合规管理制度，采取有效措施，将客户资产管理业务与公司的其他业务分开管理。

44.【答案】 A

【解析】根据《证券公司集合资产管理业务实施细则》第二十九条，资产托管机构应当按照规定为每个集合计划开立专门的资金账户，在证券登记结算机构开立专门的证券账户，以及其他相关账户。资金账户名称应当是"集合资产管理计划名称"，证券账户名称应当是"证券公司名称—资产托管机构名称—集合资产管理计划名称"。

45.【答案】 D

【解析】根据《转融通业务监督管理试行办法》第四十四条，证券金融公司的资金，除用于履行本办法规定职责（为证券公司融资融券业务提供资金、证券的转融通服务等）和维持公司正常运转外，只能用于以下用途：①银行存款；②购买国债、证券投资基金份额等经证监会认可的高流动性金融产品；③购置自用不动产；④证监会认可的其他用途。

46.【答案】 B

【解析】证券公司从事介绍业务，应当与期货公司签订书面委托协议。除Ⅰ、Ⅲ两项外，委托协议还应当载明下列事项：①介绍业务对接规则；②客户投诉的接待处理方式；③报酬支付及相关费用的分担方式；④违约责任；⑤中国证监会规定的其他事项。

47.【答案】 B

【解析】根据《证券公司为期货公司提供中间介绍业务协议指引（修订）》第二章第五条，证券公司不得代理客户进行期货的交易、结算或交割，不得代客户接收、保管或者修改交易密码，也不得利用客户的交易编码、资金账号或期货结算账户进行期货交易。第六条规定，证券公司不得直接或者间接为客户从事期货交易提供融资或担保。

48.【答案】 C

【解析】根据《证券公司直接投资业务规范》第六条，直投子公司可以开展以下业务：①使用自有资金或设立直投基金，对企业进行股权投资或债权投资，或投资于与股权投资、债权投资相关的其它投资基金；②为客户提供与股权投资、债权投资相关的财务顾问服务；③经中国证监会认可开展的其他业务。

49.【答案】 D

【解析】Ⅰ项，欺诈发行股票、债券罪的主体主要是单位。自然人在一定条件下也能成为犯罪的主体。Ⅱ项，欺诈发行股票、债券罪在主观上只能依故意构成，过失不构成本罪。Ⅳ项，欺诈发行股票、债券罪侵犯的是股东、债权人及社会公众的利益和国家的证券市场管理制度。

50.【答案】 D

【解析】根据《最高人民法院关于审理证券市场因虚假陈述引发的民事赔偿案件的若干规定》第十八条，投资人具有以下情形的，人民法院应当认定虚假陈述与损害结果之间存在因果关系：①投资人所投资的是与虚假陈述直接关联的证券；②投资人在虚假陈述实施日及以后，至揭露日或者更正日之前买入该证券；③投资人在虚假陈述揭露日或者更正日及以后，因卖出该证券发生亏损，或者因持续持有该证券而产生亏损。

全国证券从业人员执业资格考试热题库

《证券市场基本法律法规》模拟试卷（三）

一、单项选择题（共 50 题，每小题 1 分，共 50 分。以下备选项中只有一项符合题目要求，不选、错选均不得分）

1. 《证券发行与承销管理办法》属于（　　）。
   A. 法律　　　　　　B. 行政法规　　　　C. 部门规章　　　　D. 自律管理规则
2. 下列有关股份有限公司发行股票的说法正确的是（　　）。
   A. 股票必须采用纸面形式
   B. 股票采用纸面形式或者证券交易所要求的其他形式
   C. 股票采用纸面形式或者股权登记机构要求的其他形式
   D. 股票采用纸面形式或者国务院证券监督管理机构规定的其他形式
3. 下列可以担任公司董事、监事、高级管理人员的是（　　）。
   A. 常某，一年前曾因打架被行政拘留三天
   B. 李某，患有精神疾病，被诊断为限制民事行为人
   C. 陆某，因破坏社会主义市场经济秩序被判处刑罚，执行期满未逾三年
   D. 刘某，曾担任某公司法定代表人，该公司一年前因违法被吊销营业执照，刘某对其负有个人责任
4. 公司合并的，应当自作出合并决议之日起（　　）日内通知债权人，并于 30 日内在报纸上公告。
   A. 5　　　　　　　B. 10　　　　　　　C. 15　　　　　　　D. 20
5. 下列有关公司实际控制人的说法，错误的是（　　）。
   A. 公司实际控制人就是公司的控股股东
   B. 通过协议，能够实际支配公司行为的人是实际控制人
   C. 通过其他安排，能够实际支配公司行为的人是实际控制人
   D. 通过投资关系，能够实际支配公司行为的人是实际控制人
6. 公司在清算期间开展与清算无关的经营活动，由（　　）予以警告，没收违法所得。
   A. 人民法院　　　　B. 公司董事会　　　　C. 公司股东大会　　　　D. 公司登记机关
7. 上市公司有下列（　　）情形的，由证券交易所决定暂停其股票上市交易。
   A. 公司股本总额、股权分布等发生变化不再具备上市条件
   B. 公司有一般违法行为
   C. 公司最近两年连续亏损
   D. 公司会计报表数据出现差错
8. 下列尚未公开的信息中，不属于内幕信息的是（　　）。

A. 公司的董事、监事、高级管理人员的行为可能依法承担重大损害赔偿责任
B. 公司营业用主要资产的抵押、出售或者报废一次达到该资产的20%
C. 公司分配股利或者增资计划
D. 公司股权结构的重大变化

9. 收购人或者收购人的控股股东，利用上市公司收购，损害被收购公司及其股东的合法权益，给被收购公司及其股东造成损失的，依法承担赔偿责任。对直接负责的主管人员和其他直接责任人员给予（　　）处罚，并处以罚款。
  A. 终止收购　　　B. 通报批评　　　C. 记大过　　　D. 警告

10. 关于上市公司信息披露描述，错误的是（　　）。
  A. 上市公司董事、高级管理人员应当对公司定期报告签署书面确认意见
  B. 上市公司董事、监事、高级管理人员应当保证上市公司所披露的信息真实、准确、完整
  C. 上市公司董事、监事、高级管理人员应当对公司定期报告签署书面确认意见
  D. 上市公司监事会应当对董事会编制的公司定期报告提出书面审核意见

11. 封闭式基金的基金份额在基金存续期间，基金份额持有人（　　）。
  A. 可以在基金合同约定的时间和场所申请赎回
  B. 可以在任何场所申请赎回
  C. 可在任何时间申请赎回
  D. 不得申请赎回

12. 根据《证券投资基金法》规定，有召集份额持有人大会职责的机构是（　　）。
  A. 基金管理人　　　　　　　　B. 基金行业协会
  C. 基金服务机构　　　　　　　D. 国务院证券监督管理机构

13. 申请设立期货公司，应当符合《中华人民共和国公司法》的规定，并且其主要股东以及实际控制人（　　），信誉良好，最近3年无重大违法违规记录。
  A. 年盈利能力超过人民币2000万　　　B. 年盈利能力超过人民币1500万
  C. 年盈利能力超过人民币1000万　　　D. 具有持续盈利能力

14. 期货公司在注销期货业务许可证（　　），应当结清相关期货业务，并依法返还客户的保证金和其他资产。
  A. 之前　　　B. 之后　　　C. 过程中　　　D. 之后1个月

15. 下列不属于证券公司章程中重要条款的是（　　）。
  A. 证券公司组织机构及其产生办法　　B. 证券公司的清算办法
  C. 证券公司的解散事由　　　　　　　D. 变更高级管理人员

16. 证券公司合并、分立的，涉及客户权益的重大资产转让应当经具有证券相关业务资格的（　　）。
  A. 律师事务所核实　　　　　　B. 会计事务所验资
  C. 信用评级机构评级　　　　　D. 资产评估机构评估

17. 投资主办人（　　）年内没有管理客户委托资产，协会对其不予通过年检。
  A. 1　　　B. 2　　　C. 4　　　D. 5

18. 参加证券从业资格考试的人员,应当年满(　　)周岁。
    A. 15　　　　B. 16　　　　C. 18　　　　D. 20

19. 下列关于保荐代表人履行保荐职责可对发行人行使的权利的表述中,错误的是(　　)。
    A. 可查阅保荐工作需要的发行人材料
    B. 可定期或者不定期对发行人进行回访
    C. 可对发行人的信息披露文件进行事前审阅
    D. 可在发行人的董事会中出任董事

20. 中国证券业协会对证券经纪人自取得证券经纪人证书之日起(　　)检查一次。
    A. 半年　　　B. 每年　　　C. 两年　　　D. 三年

21. 关于办理基金销售业务或者办理基金销售相关业务,并向基金销售机构收取以基金交易(含开户)为基础的相关佣金的机构,以下说法不正确的为(　　)。
    A. 应当向中国证监会派出机构进行注册或者经中国证监会认定
    B. 任何个人不得以个人名义办理基金的销售或者相关业务
    C. 机构在销售基金和相关产品的过程中应当坚持基金管理人利益优先原则
    D. 未经注册并取得基金销售业务资格或者未经中国证监会认定的机构,不得办理基金的销售或者相关业务

22. 营销人员在客户招揽过程中提供的各项服务是(　　)。
    A. 有形服务　　B. 售前服务　　C. 售中服务　　D. 售后服务

23. 在证券经纪业务中,证券公司不赚取买卖差价,只收取一定比例的(　　)作为业务收入。
    A. 佣金　　　B. 过户费　　C. 印花税　　D. 结算登记费

24. 在证券经纪业务中,证券经纪商应与客户建立具体的经纪关系,这一关系的建立过程包括(　　)。
    A. 开户与清算
    B. 清算与交割
    C. 受理委托与清算
    D. 签订证券交易委托代理协议

25. 电话自动委托、自助终端委托的身份确认凭(　　)进行识别。
    A. 营业部　　B. 身份证　　C. 委托人　　D. 操作密码

26. 亚洲证券分析师联合会的注册地在(　　)。
    A. 中国香港　　B. 澳大利亚　　C. 韩国　　　D. 日本

27. 中国证券业协会证券分析师专业委员会于(　　)年正式加入国际注册分析师协会。
    A. 1998　　　B. 2000　　　C. 2001　　　D. 2004

28. 在证券业务实践中,"跨墙"主要体现在证券分析师参与(　　)项目。
    A. 投资银行　　B. 投资顾问　　C. 投资咨询　　D. 经纪业务

29. 在辅导过程中必须参与整个辅导过程的人员不包括(　　)。
    A. 监事　　　B. 总经理　　C. 董事长　　D. 财务人员

30. 上市公司在非公开发行新股后,应当将(　　)刊登在至少一种中国证监会指定的

报刊，同时将其刊登在中国证监会指定的互联网网站，置备于中国证监会指定的场所，供公众查阅。

  A. 募集说明书   B. 发行情况报告书
  C. 募集说明书摘要   D. 募集意向书提要

31. 证券公司取得从事并购重组财务顾问业务资格需满足财务顾问主办人不少于（　　）人。
  A. 4   B. 5   C. 7   D. 10

32. 上市公司如在澄清公告中披露不存在重大资产重组行为的，应当同时承诺未来（　　）个月内不再筹划同一事项。
  A. 1   B. 3   C. 6   D. 12

33. 根据《中国证监会关于进一步推进新股发行体制改革的意见》，发行人申请材料预披露的时间应为（　　）。
  A. 初审会之后，发审会之前
  B. 见面会之后，落实反馈意见之前
  C. 申请材料提交证监会之后，见面会之前
  D. 发行人招股说明书申报稿正式受理后，即在中国证监会网站披露

34. 保荐机构应当自持续督导工作结束后（　　）个工作日内报送"保荐总结报告书"。
  A. 5   B. 10   C. 15   D. 20

35. 下述关于保荐业务协调的表述，错误的是（　　）。
  A. 证券发行后，保荐机构有充分理由确信发行人可能存在违反违规行为以及其他不当行为的，应当督促发行人做出说明并限期整改
  B. 发行人拟变更募集资金投资项目时，应及时通知或咨询保荐机构
  C. 证券发行前，发行人不配合保荐机构履行保荐职责的，保荐机构必须拒绝出具发行保荐书
  D. 保荐机构对其他证券服务机构及其签字人员出具的专业意见存有疑义的，应当主动与该证券服务机构进行沟通，并要求其做出解释或者出具依据

36. 首次公开发行的网上直播推介活动时间应不少于（　　）小时。
  A. 1   B. 2   C. 3   D. 4

37. 下列关于首次公开发行股票的表述中，错误的是（　　）。
  A. 参与网下报价和申购的投资者只能是机构投资者
  B. 主承销商有自主配售权
  C. 若存在老股转让，在老股转让后，发行人的实际控制人不得发生变更
  D. 网上投资者申购数量不足的，可回拨给网下投资者

38. 证券公司证券自营业务买卖的对象是（　　）。
  A. 所有有价证券
  B. 仅为上市证券
  C. 仅为非上市证券

D. 上市证券和中国证监会认可的非上市证券
39. （　　）是证券公司自营业务投资运作的最高管理机构。
　　A. 董事会　　　　　　　　　　B. 股东会
　　C. 自营业务部门　　　　　　　D. 投资决策机构
40. 以下关于证券自营业务的描述不正确的是（　　）。
　　A. 禁止从自营账户中提取现金
　　B. 经总部批准，证券公司的营业部可以从事自营业务
　　C. 自营买卖必须在以证券公司自己名义开设的证券账户中进行
　　D. 自营业务须由自营业务比部门负责自营账户的管理
41. 在定向资产管理业务中，资产托管机构发现证券公司出现违反法律、法规或定向资产管理合同的行为，并造成客户受托资产损失的，资产托管机构除通知客户，还应报告（　　）。
　　A. 中国证监会
　　B. 证券交易所
　　C. 中国证券业务协会
　　D. 证券公司住所地中国证监会派出机构
42. 下列选项中与证券公司资产管理业务风险控制要求不符的是（　　）。
　　A. 证券公司、托管机构至少每3个月客户提供一次资产管理报告、资产托管报告
　　B. 证券公司可以通过公共媒体推广集合资产管理计划
　　C. 客户应对其资产来源和用途的合法性做出承诺
　　D. 资产管理合同中应明确规定客户风险自担
43. 以下项目中，不属于资产管理业务的是（　　）。
　　A. 为单一客户办理大宗交易业务
　　B. 为多个客户办理集合资产管理业务
　　C. 为单一客户办理定向资产管理业务
　　D. 为客户特定目的办理专项资产管理业务
44. 客户最多可以与（　　）家证券公司签订融资融券合同。
　　A. 1　　　　B. 2　　　　C. 3　　　　D. 4
45. 证券公司开展融资融券业务时，应当委托证券登记结算机构，根据清算、交收结果等对（　　）内的数额进行变更。
　　A. 融券专用证券账户　　　　　B. 客户信用资金账户
　　C. 客户信用证券账户　　　　　D. 客户信用交易担保资金账户
46. 除证券暂停、终止交易等特殊情形外，证券金融公司向证券公司转融通的期限不得超过（　　）。
　　A. 3个月　　　B. 6个月　　　C. 9个月　　　D. 1年
47. 证券公司从事中间介绍业务，所提供的服务不包括（　　）。
　　A. 提供期货行情信息　　　　　B. 协助办理开户手续
　　C. 提供期货交易设施　　　　　D. 代期货公司收付期货保证金

48. 证券登记结算公司将客户融资买入的证券以（　　）为名义持有人，登记于证券持有人名册。
   A. 客户　　　　B. 证券公司　　　　C. 存管银行　　　　D. 登记结算公司

49. 下列关于在主板上市公司首次公开发行股票条件的表述，正确的有（　　）。
   A. 最近36个月内受到证券交易所公开谴责的人员，不得担任发行人的董事、监事和高级管理人员
   B. 发行人的财务负责人不得在控股股东、实际控制人中担任除董事、监事以外的职务，发行人的出纳可以在控股股东、实际控制人中兼职
   C. 发行人与控股股东、实际控制人及其控制的其他企业间不得有同业竞争或者显失公允的关联交易
   D. 发行人最近12个月内不得违反工商、税收、土地、环保、海关以及其他法律、行政法规，受到行政处罚，且情节严重

50. 背信运用受托财产一般是为了（　　）。
   A. 遵守受托义务　　　　　　　　B. 获取非法利润
   C. 获取合法利润　　　　　　　　D. 违背受托义务

二、组合选择题（共50题，每小题1分，共50分。以下备选项中只有一项符合题目要求，不选、错选均不得分）

1. 下列关于股份有限公司注册资本的说法正确的有（　　）。
   Ⅰ. 采取发起设立方式设立的，注册资本为在公司登记机关登记的全体发起人认购的股本总额
   Ⅱ. 采取募集方式设立的，注册资本为在公司登记机关登记的实收股本总额
   Ⅲ. 采取发起设立方式设立的，注册资本为在公司登记机关登记的全体发起人实收的股本总额
   Ⅳ. 采取募集方式设立的，注册资本为在公司登记机关登记的认购股本总额
   A. Ⅲ、Ⅳ　　　　B. Ⅱ、Ⅲ　　　　C. Ⅰ、Ⅳ　　　　D. Ⅰ、Ⅱ

2. 公司发行记名股票的，应当置备股东名册，记载下列事项（　　）。
   Ⅰ. 股东的姓名或者名称及住所　　　Ⅱ. 各股东所持股份数
   Ⅲ. 各股东所持股票的编号　　　　　Ⅳ. 各股东取得股份的日期
   A. Ⅰ、Ⅱ、Ⅲ、Ⅳ　　　　　　　　B. Ⅱ、Ⅲ、Ⅳ
   C. Ⅰ、Ⅱ、Ⅳ　　　　　　　　　　D. Ⅰ、Ⅱ、Ⅲ

3. 某股份有限公司向社会招聘经理，以下人员来应聘，不具备担任经理资格的有（　　）。
   Ⅰ. 李某原为某公司经理，两年前因对该公司破产负有个人责任被免职
   Ⅱ. 张某为工商管理学硕士，有较高的管理公司的能力，但因家庭原因负债180万元，过期未清偿
   Ⅲ. 王某原为个体户，因行贿判处刑罚，2年前已刑满释放
   Ⅳ. 常某原为某国家机关干部，现已退休在家

A. Ⅱ、Ⅲ、Ⅳ　　　B. Ⅰ、Ⅲ、Ⅳ　　　C. Ⅰ、Ⅱ、Ⅳ　　　D. Ⅰ、Ⅱ、Ⅲ

4. 以下情况公司登记机关可以吊销公司营业执照的有（　　）。
   Ⅰ. 公司成立后无正当理由超过六个月未开业的
   Ⅱ. 公司不按时偿还债务的
   Ⅲ. 公司开业后自行停业连续六个月以上的
   Ⅳ. 公司出现巨额亏损的
   A. Ⅰ、Ⅲ　　　B. Ⅱ、Ⅳ　　　C. Ⅰ、Ⅱ、Ⅲ　　　D. Ⅰ、Ⅱ、Ⅳ

5. 存在以下（　　）情形时，上市公司不得公开发行公司债券。
   Ⅰ. 最近三十六个月内公司财务会计文件存在虚假记载，或公司存在其他重大违法行为
   Ⅱ. 本次发行申请文件存在虚假记载、误导性陈述或者重大遗漏
   Ⅲ. 对已发行的公司债券或者其他债务有违约或者迟延支付本息的事实，仍处于继续状态
   Ⅳ. 严重损害投资者合法权益和社会公共利益的其他情形
   A. Ⅰ、Ⅱ、Ⅲ、Ⅳ　　　　　　　B. Ⅱ、Ⅲ、Ⅳ
   C. Ⅰ、Ⅱ、Ⅳ　　　　　　　　　D. Ⅰ、Ⅱ、Ⅲ

6. 下列行为中，属于欺诈客户的行为的有（　　）。
   Ⅰ. 违背客户的委托为其买卖证券
   Ⅱ. 为牟取佣金收入，诱使客户进行不必要的证券买卖
   Ⅲ. 挪用客户所委托买卖的证券
   Ⅳ. 不在规定时间内向客户提供交易的书面确认文件
   A. Ⅰ、Ⅱ、Ⅲ、Ⅳ　　　　　　　B. Ⅱ、Ⅲ、Ⅳ
   C. Ⅰ、Ⅱ、Ⅳ　　　　　　　　　D. Ⅰ、Ⅱ、Ⅲ

7. 增发过程中的信息披露文件包括（　　）。
   Ⅰ. 发行情况报告书　　　　　　Ⅱ. 招股意向书
   Ⅲ. 上市公告书　　　　　　　　Ⅳ. 发行公告
   A. Ⅰ、Ⅱ、Ⅲ　　　B. Ⅰ、Ⅱ、Ⅳ　　　C. Ⅰ、Ⅲ、Ⅳ　　　D. Ⅱ、Ⅲ、Ⅳ

8. 基金托管人应当对基金的（　　）出具意见。
   Ⅰ. 基金财务会计报告　　　　　Ⅱ. 中期基金报告
   Ⅲ. 年度基金报告　　　　　　　Ⅳ. 基金持有人资信情况报告
   A. Ⅰ、Ⅱ、Ⅲ　　　B. Ⅰ、Ⅱ、Ⅳ　　　C. Ⅰ、Ⅲ、Ⅳ　　　D. Ⅱ、Ⅲ、Ⅳ

9. 期货价格克服了分散、局部的市场价格在（　　）的局限性。
   Ⅰ. 质量上　　　Ⅱ. 空间上　　　Ⅲ. 数量上　　　Ⅳ. 时间上
   A. Ⅰ、Ⅱ　　　B. Ⅰ、Ⅲ　　　C. Ⅱ、Ⅲ　　　D. Ⅱ、Ⅳ

10. 证券公司融券，可以使用（　　）。
    Ⅰ. 自有证券
    Ⅱ. 通过转融通取得的证券
    Ⅲ. 证券公司客户账户内的长期投资证券

· 7 ·

Ⅳ. 其他客户的客户信用交易担保证券账户内的证券
A. Ⅰ　　　　　B. Ⅰ、Ⅱ　　　　C. Ⅰ、Ⅲ　　　　D. Ⅱ、Ⅳ

11. 证券公司违反《证券公司监督管理条例》的规定，有下列情形之一的，对直接负责的主管人员和其他直接责任人员单处或者并处警告、3万元以上10万元以下的罚款，情节严重的，撤销任职资格或者证券从业资格。具体情形包括（　　）。
　　Ⅰ. 未按照规定程序了解客户的身份、财产与收入状况、证券投资经验和风险偏好
　　Ⅱ. 推荐的产品或者服务与所了解的客户情况不相适应
　　Ⅲ. 未按照规定与客户签订业务合同，或者未在与客户签订的业务合同中载入规定的必备条款
　　Ⅳ. 未按照规定存放、管理客户担保账户内的资金、证券
　　A. Ⅰ、Ⅱ、Ⅲ、Ⅳ　　　　　　　B. Ⅱ、Ⅲ、Ⅳ
　　C. Ⅰ、Ⅲ、Ⅳ　　　　　　　　　D. Ⅰ、Ⅱ、Ⅲ

12. 目前，我国证券投资基金销售渠道有（　　）。
　　Ⅰ. 保险公司　　　　　　　　　Ⅱ. 基金管理公司直销中心
　　Ⅲ. 证券公司　　　　　　　　　Ⅳ. 商业银行
　　A. Ⅰ、Ⅱ、Ⅲ　　B. Ⅰ、Ⅱ、Ⅳ　　C. Ⅰ、Ⅲ、Ⅳ　　D. Ⅱ、Ⅲ、Ⅳ

13. 证券投资基金的销售人员包括（　　）。
　　Ⅰ. 主要分支机构负责基金销售业务的部门中从事基金销售业务管理的人员
　　Ⅱ. 基金销售机构中从事基金宣传推介活动的人员
　　Ⅲ. 基金销售机构中从事基金理财业务咨询活动的人员
　　Ⅳ. 取得证券经纪业务营销资格的人员
　　A. Ⅰ、Ⅱ、Ⅲ　　B. Ⅰ、Ⅱ、Ⅳ　　C. Ⅰ、Ⅲ、Ⅳ　　D. Ⅱ、Ⅲ、Ⅳ

14. 财务顾问及其财务顾问主办人出现下列（　　）情形的，中国证监会对其采取监管谈话，出具警示函、责令改正等监管措施。
　　Ⅰ. 违反其就上市公司并购重组相关业务活动所作承诺的
　　Ⅱ. 未依法履行持续督导义务的
　　Ⅲ. 在受托报送申报材料过程中，未切实履行组织、协调义务、申报文件制作质量低下的
　　Ⅳ. 违反保密制度或者未履行保密责任的
　　A. Ⅰ、Ⅱ　　B. Ⅱ、Ⅲ　　C. Ⅰ、Ⅲ、Ⅳ　　D. Ⅰ、Ⅱ、Ⅲ、Ⅳ

15. 证券公司从事上市公司并购重组财务顾问业务，应当具备的条件包括（　　）。
　　Ⅰ. 公司净资本符合中国证监会的规定
　　Ⅱ. 公司注册资本和净资产不低于人民币500万元
　　Ⅲ. 建立健全的尽职调查制度，具备良好的项目风险评估和内核机制
　　Ⅳ. 公司财务会计信息真实、准确、完整
　　A. Ⅰ、Ⅱ、Ⅲ　　B. Ⅰ、Ⅱ、Ⅳ　　C. Ⅰ、Ⅲ、Ⅳ　　D. Ⅱ、Ⅲ、Ⅳ

16. 下列属于证券公司隔离措施的有（　　）。
　　Ⅰ. 电脑部门、财务部门、监督检查部门与业务部门的人员不得相互兼任

Ⅱ. 资金清算人员不得由电脑部门人员和交易部门人员兼任
Ⅲ. 对跨隔离墙的人员、业务应有完整记录,并采取静默期
Ⅳ. 对跨越隔离墙的业务、人员应实行重点监控
A. Ⅰ、Ⅱ、Ⅲ　　B. Ⅰ、Ⅱ、Ⅳ　　C. Ⅱ、Ⅲ、Ⅳ　　D. Ⅰ、Ⅱ、Ⅲ、Ⅳ

17. 变更代理人,客户本人和新代理人都必须同时到柜台,提交(　　),办理资料更改申请手续。
Ⅰ. 代理人身份证复印件　　　　Ⅱ. 双方有效身份证复印件
Ⅲ. 双方有效身份证原件　　　　Ⅳ. 客户本人资金账户卡
A. Ⅱ、Ⅲ、Ⅳ　　B. Ⅰ、Ⅲ、Ⅳ　　C. Ⅰ、Ⅱ、Ⅳ　　D. Ⅰ、Ⅱ、Ⅲ

18. 自然人客户遗失资金账户卡,必须凭(　　)办理补办事宜。
Ⅰ. 代理人身份证原件　　　　　Ⅱ. 加盖开户营业部公章的交割单
Ⅲ. 本人有效身份证明　　　　　Ⅳ. 证券账户卡
A. Ⅲ、Ⅳ　　B. Ⅱ、Ⅳ　　C. Ⅱ、Ⅲ　　D. Ⅰ、Ⅱ

19. 下列选项中,属于证券经纪业务要素的是(　　)。
Ⅰ. 委托人　　Ⅱ. 证券交易对象　　Ⅲ. 证券经纪商　　Ⅳ. 证券交易所
A. Ⅰ、Ⅱ、Ⅲ、Ⅳ　　B. Ⅱ、Ⅲ、Ⅳ
C. Ⅰ、Ⅱ、Ⅲ　　　　D. Ⅰ、Ⅱ、Ⅲ

20. 证券投资顾问向客户提供的投资建议服务内容包括(　　)。
Ⅰ. 理财规划建议　　　　　　　Ⅱ. 投资组合建议
Ⅲ. 代客户投资决策　　　　　　Ⅳ. 投资的品种选择
A. Ⅱ、Ⅲ、Ⅳ　　B. Ⅰ、Ⅲ、Ⅳ　　C. Ⅰ、Ⅱ、Ⅳ　　D. Ⅰ、Ⅱ、Ⅲ

21. 在证券经纪业务中,证券经纪商应该承担的义务是(　　)。
Ⅰ. 保证受托证券交易按时完成
Ⅱ. 按规定与客户签订《证券交易委托代理协议》
Ⅲ. 忠实办理受托业务
Ⅳ. 坚持客户适当性管理原则
A. Ⅰ、Ⅱ、Ⅲ、Ⅳ　　　　　　B. Ⅱ、Ⅲ、Ⅳ
C. Ⅰ、Ⅲ　　　　　　　　　　D. Ⅰ、Ⅱ

22. 在证券经纪业务中,需要保密的客户资料包括(　　)。
Ⅰ. 客户买卖证券的数量　　　　Ⅱ. 客户买卖证券的价格
Ⅲ. 客户股东账户的账号　　　　Ⅳ. 客户买卖证券的品种
A. Ⅰ、Ⅱ、Ⅲ、Ⅳ　　　　　　B. Ⅱ、Ⅲ、Ⅳ
C. Ⅰ、Ⅲ、Ⅳ　　　　　　　　D. Ⅰ、Ⅱ

23. 证券分析师通过广播、电视、网络、报刊等公众媒体以及报告会、交流会等形式,发表涉及具体证券的评论意见,或者解读其撰写的证券研究报告,应当符合(　　)等要求。
Ⅰ. 由所在证券公司或者证券投资咨询机构统一安排
Ⅱ. 明确个股的上涨或下跌价位

Ⅲ．说明所依据的证券研究报告的发布日期

Ⅳ．禁止明示或者暗示保证投资收益

A．Ⅱ、Ⅲ、Ⅳ　　　B．Ⅰ、Ⅲ、Ⅳ　　　C．Ⅰ、Ⅱ、Ⅳ　　　D．Ⅰ、Ⅱ、Ⅲ

24．为使证券研究报告发布符合合规管理要求，证券公司需要建立（　　）制度。

Ⅰ．内部控制　　　　　　　　　　　Ⅱ．隔离墙

Ⅲ．证券分析师跨越隔离墙　　　　　Ⅳ．证券研究报告合规审查

A．Ⅰ、Ⅱ　　　　B．Ⅰ、Ⅳ　　　　C．Ⅱ、Ⅲ　　　　D．Ⅲ、Ⅳ

25．证券公司、证券投资咨询机构应当采取有效措施，保证制作发布证券研究报告不受（　　）等利益相关者的干涉和影响。

Ⅰ．个人投资者　Ⅱ．证券发行人　Ⅲ．上市公司　Ⅳ．基金管理公司

A．Ⅱ、Ⅲ　　　B．Ⅰ、Ⅱ、Ⅳ　　C．Ⅰ、Ⅲ、Ⅳ　　D．Ⅱ、Ⅲ、Ⅳ

26．下列情形中，相关投资者可以免于按照有关规定提出豁免要约申请，直接向证券交易所和证券登记结算机构申请办理股份转让和过户登记手续的有（　　）。

Ⅰ．因上市公司按照批准的价格向特定股东回购股份而减少股本，导致当事人在该公司中拥有权益的股份超过该公司已发行股份的30%

Ⅱ．经国有资产管理部门批准进行国有资产无偿划拨，导致投资者在一个上市公司中拥有权益的股份占该公司已发行股份的比例超过30%

Ⅲ．在一个上市公司中拥有权益的股份达到或者超过该公司已发行股份的50%，继续增加其在该公司持有的权益不影响该公司的上市地位

Ⅳ．因继承导致在一个上市公司中拥有权益的股份占该公司已发行股份的比例超过50%

A．Ⅲ、Ⅳ　　　B．Ⅱ、Ⅲ　　　C．Ⅰ、Ⅳ　　　D．Ⅰ、Ⅱ

27．下列关于上市公司发行股份购买资产的表述，正确的有（　　）。

Ⅰ．特定对象因认购上市公司发行股份导致其持有的比例超过30%，且股东大会同意其免于发出要约的，可以中国证监会提出豁免要约义务的申请

Ⅱ．上市公司发行股份购买资产，应当有利于增强上市公司的独立性

Ⅲ．上市公司申请发行股份购买资产，可以不提交并购重组委员会审核

Ⅳ．上市公司发行股份购买资产，应当经中国证监会核准

A．Ⅰ、Ⅱ、Ⅲ　　B．Ⅰ、Ⅱ、Ⅳ　　C．Ⅰ、Ⅲ、Ⅳ　　D．Ⅱ、Ⅲ、Ⅳ

28．在上市公司重大资产重组中，购买资产实现的利润未达到盈利预测报告中预测金额80%的，在上市公司年度报告披露时，需由（　　）向投资者公开道歉。

Ⅰ．上市公司总经理　　　　　　Ⅱ．负有责任的会计师事务所

Ⅲ．上市公司财务总监　　　　　Ⅳ．负有责任的财务顾问

A．Ⅰ、Ⅱ、Ⅲ　　B．Ⅰ、Ⅱ、Ⅳ　　C．Ⅱ、Ⅲ、Ⅳ　　D．Ⅰ、Ⅱ、Ⅲ、Ⅳ

29．在上市公司重大资产重组中，交易价格公允性的关注点包括（　　）。

Ⅰ．评估报告与盈利预测报告间是否存在重大矛盾

Ⅱ．评估基准日选择是否合理

Ⅲ．评估方法选择是否得当

Ⅳ. 上市公司是否提供标的资产的评估报告和技术说明
A. Ⅱ、Ⅲ、Ⅳ　　　B. Ⅰ、Ⅲ、Ⅳ　　　C. Ⅰ、Ⅱ、Ⅳ　　　D. Ⅰ、Ⅱ、Ⅲ

30. 上市公司收购中独立财务顾问应发表明确意见的事项包括（　　）。
　　Ⅰ. 与收购人是否已签订持续督导协议
　　Ⅱ. 收购人是否在利用被收购公司的资产或者由被收购公司为本次收购提供财务资助的情形
　　Ⅲ. 收购人的实力及本次收购对被收购公司经营独立性和持续发展可能产生的影响
　　Ⅳ. 收购人是否具备主体资格
　　A. Ⅱ、Ⅲ、Ⅳ　　　B. Ⅰ、Ⅲ、Ⅳ　　　C. Ⅰ、Ⅱ、Ⅳ　　　D. Ⅰ、Ⅱ、Ⅲ

31. 发行保荐书的必备内容包括（　　）。
　　Ⅰ. 保荐机构承诺事项　　　　　Ⅱ. 对本次证券发行的推荐意见
　　Ⅲ. 项目运作流程　　　　　　　Ⅳ. 本次证券发行基本情况
　　A. Ⅰ、Ⅱ、Ⅲ　　　B. Ⅰ、Ⅲ、Ⅳ　　　C. Ⅱ、Ⅲ、Ⅳ　　　D. Ⅰ、Ⅱ、Ⅲ、Ⅳ

32. 下列关于保荐业务的表述，正确的有（　　）。
　　Ⅰ. 保荐机构应当与发行人签订保荐协议，明确双方的权利和义务
　　Ⅱ. 刊登证券发行募集文件以后直至持续督导工作结束，保荐机构和发行人不得终止保荐协议，但存在合理理由的情形除外
　　Ⅲ. 刊登证券发行募集文件前终止保荐协议的，保荐机构和发行人应当分别向中国证监会报告，说明原因
　　Ⅳ. 发行人因再次发行证券另行聘请保荐机构的，不应当终止保荐协议
　　A. Ⅱ、Ⅲ、Ⅳ　　　B. Ⅰ、Ⅲ、Ⅳ　　　C. Ⅰ、Ⅱ、Ⅳ　　　D. Ⅰ、Ⅱ、Ⅲ

33. 下列关于股票发行公告的表述正确的有（　　）。
　　Ⅰ. 发行公告仅是对认购发行公司股票的有关事项和规定向社会公众作简要说明
　　Ⅱ. 发行公告是招股说明书不可分割的一部分
　　Ⅲ. 发行公告是承销商对公众投资人作出的事实通知
　　Ⅳ. 发行人及其主承销商应当在刊登招股说明书摘要或招股意向书的同时刊登
　　A. Ⅰ、Ⅱ、Ⅲ　　　B. Ⅰ、Ⅱ、Ⅳ　　　C. Ⅰ、Ⅲ、Ⅳ　　　D. Ⅱ、Ⅲ、Ⅳ

34. 首次公开发行股票，招股说明书摘要包括的内容有（　　）。
　　Ⅰ. 风险因素　　　　　　　　　Ⅱ. 关联交易与同业竞争
　　Ⅲ. 重大事项提示　　　　　　　Ⅳ. 声明
　　A. Ⅰ、Ⅱ、Ⅲ　　　B. Ⅰ、Ⅱ、Ⅳ　　　C. Ⅰ、Ⅲ、Ⅳ　　　D. Ⅱ、Ⅲ、Ⅳ

35. 首次公开发行股票时，招股说明书应披露较大量的诉讼或仲裁事项，主要包括（　　）。
　　Ⅰ. 诉讼、仲裁案件对发行人的影响　　Ⅱ. 判决、裁决结果及执行情况
　　Ⅲ. 诉讼或仲裁请求　　　　　　　　Ⅳ. 案件受理情况和基本案情
　　A. Ⅰ、Ⅱ、Ⅲ、Ⅳ　　　　　　　　B. Ⅰ、Ⅱ、Ⅳ
　　C. Ⅰ、Ⅱ、Ⅳ　　　　　　　　　　D. Ⅰ、Ⅱ、Ⅲ

36. 证券公司应建立投资银行项目管理制度，并加强管理的环节包括（　　）。

Ⅰ. 承揽立项　　　Ⅱ. 改制辅导　　　Ⅲ. 文件制作　　　Ⅳ. 尽职调查
A. Ⅰ、Ⅱ、Ⅲ、Ⅳ　　　　　　　　　B. Ⅱ、Ⅲ、Ⅳ
C. Ⅰ、Ⅱ、Ⅳ　　　　　　　　　　D. Ⅰ、Ⅱ、Ⅲ

37. 根据《证券公司信息隔离制度指引》的规定，投资银行业务部门在下列（　　）工作环节中，证券公司应当将项目列入观察名单，且以其中较早者为准。
Ⅰ. 与客户签署保密协议　　　　Ⅱ. 实际获知项目敏感信息
Ⅲ. 对项目立项　　　　　　　　Ⅳ. 进场开展工作
A. Ⅰ、Ⅱ、Ⅲ、Ⅳ　　　　　　　　　B. Ⅱ、Ⅲ、Ⅳ
C. Ⅰ、Ⅲ、Ⅳ　　　　　　　　　　D. Ⅰ、Ⅱ、Ⅲ

38. 根据《证券公司风险控制指标管理办法》相关规定，证券公司经营证券自营业务，持有权益类证券及证券衍生品的规模及比例应符合（　　）。
Ⅰ. 自营权益类证券及证券衍生品的合计额不得超过净资本的100%
Ⅱ. 自营权益类证券及证券衍生品的合计额不得超过净资本的500%
Ⅲ. 持有一种权益类证券的市值与其总市值的比例不得超过10%
Ⅳ. 持有一种权益类证券的成本不得超过净资本的30%
A. Ⅰ、Ⅲ　　　B. Ⅰ、Ⅳ　　　C. Ⅱ、Ⅲ　　　D. Ⅱ、Ⅳ

39. 根据《证券公司自营业务指引》对自营业务资金出入的相关规定，禁止（　　）。
Ⅰ. 以个人名义从自营账户调出资金　　Ⅱ. 以公司名义从自营账户提取现金
Ⅲ. 以个人名义调入资金　　　　　　　Ⅳ. 以公司名义调入资金
A. Ⅰ、Ⅱ、Ⅲ　　B. Ⅰ、Ⅱ、Ⅳ　　C. Ⅰ、Ⅲ、Ⅳ　　D. Ⅱ、Ⅲ、Ⅳ

40. 证券公司自营业务投资范围包括（　　）。
Ⅰ. 短期融资券　　Ⅱ. 政府债券　　Ⅲ. 央行票据　　Ⅳ. 股票
A. Ⅰ、Ⅱ、Ⅲ、Ⅳ　　　　　　　　　B. Ⅱ、Ⅲ、Ⅳ
C. Ⅰ、Ⅱ、Ⅳ　　　　　　　　　　D. Ⅰ、Ⅱ、Ⅲ

41. 集合资产管理计划说明书应当清晰地说明集合资产管理计划的（　　）等内容。
Ⅰ. 产品特点　　Ⅱ. 盈利预期　　Ⅲ. 投资方向　　Ⅳ. 风险揭示
A. Ⅰ、Ⅱ、Ⅲ　　B. Ⅰ、Ⅱ、Ⅳ　　C. Ⅰ、Ⅲ、Ⅳ　　D. Ⅱ、Ⅲ、Ⅳ

42. 证券公司从事证券自营业务的，应满足的条件包括（　　）。
Ⅰ. 注册资本不低于1亿元人民币　　Ⅱ. 净资产不低于1亿元人民币
Ⅲ. 净资本不低于5000万元人民币　　Ⅳ. 净资产不低于5000万元人民币
A. Ⅰ、Ⅱ　　　B. Ⅰ、Ⅲ　　　C. Ⅰ、Ⅳ　　　D. Ⅱ、Ⅲ

43. 下列关于集合计划资产独立性的表述，正确的是（　　）。
Ⅰ. 集合计划资产独立于证券公司，资产托管机构和份额登记机构的自有资产
Ⅱ. 证券公司、资产托管机构和份额登记机构不得将集合计划资产归入其自有资产
Ⅲ. 证券公司、资产托管机构和份额登记机构破产或者清算时，集合计划资产不属于其破产财产
Ⅳ. 证券公司、资产托管机构和份额登记机构破产或者清算时，集合计划资产属于其清算财产

A. Ⅰ、Ⅳ B. Ⅱ、Ⅳ C. Ⅰ、Ⅱ、Ⅲ D. Ⅰ、Ⅱ、Ⅳ

44. 下列关于证券公司客户资产管理业务的描述正确的是（ ）。
  Ⅰ. 证券公司向客户推荐适当的产品或服务
  Ⅱ. 证券公司需与客户签订资产管理合同
  Ⅲ. 证券公司对客户委托的资产进行经营运作
  Ⅳ. 证券公司须确保客户资产的稳定增值
  A. Ⅰ、Ⅱ B. Ⅰ、Ⅱ、Ⅲ C. Ⅰ、Ⅱ、Ⅳ D. Ⅰ、Ⅱ、Ⅲ、Ⅳ

45. 融资融券业务中的客户征信内容包括（ ）。
  Ⅰ. 客户身份 Ⅱ. 风险偏好 Ⅲ. 证券投资经验 Ⅳ. 政治面貌
  A. Ⅱ、Ⅲ、Ⅳ B. Ⅰ、Ⅲ、Ⅳ C. Ⅰ、Ⅱ、Ⅳ D. Ⅰ、Ⅱ、Ⅲ

46. 在融资融券交易操作中，证券公司应当对客户提交的担保物进行整体监控，并计算其维持担保比例。关于维持担保比例，下列说法不正确的是（ ）。
  Ⅰ. 客户维持担保比例不得低于150%
  Ⅱ. 客户追加担保物后的维持担保比例不得低于180%
  Ⅲ. 维持担保比例超过200%时，客户可以提取保证金可用余额中的现金或充抵保证金的有价证券
  Ⅳ. 维持担保比例是指客户担保物价值与其融资融券债务之间的比例
  A. Ⅱ、Ⅲ、Ⅳ B. Ⅰ、Ⅲ、Ⅳ C. Ⅰ、Ⅱ、Ⅳ D. Ⅰ、Ⅱ、Ⅲ

47. 证券公司申请介绍业务资格，应当符合的条件有（ ）。
  Ⅰ. 申请日前6个月各项风险控制指标符合规定标准
  Ⅱ. 全资拥有或控股一家期货公司，或者与一家期货公司被同一机构控制
  Ⅲ. 公司总部至少有5名、拟开展介绍业务的营业部至少有2名具有期货从业人员资格的业务人员
  Ⅳ. 已按规定建立客户交易结算资金第三方存管制度
  A. Ⅰ、Ⅱ、Ⅲ、Ⅳ B. Ⅱ、Ⅲ、Ⅳ
  C. Ⅰ、Ⅱ、Ⅲ D. Ⅰ、Ⅲ

48. 证券金融公司开展转融通业务，应当了解证券公司的（ ），并以书面和电子等方式予以记录和保存。
  Ⅰ. 财务状况 Ⅱ. 基本情况 Ⅲ. 违约记录 Ⅳ. 业务范围
  A. Ⅰ、Ⅱ、Ⅲ、Ⅳ B. Ⅱ、Ⅲ、Ⅳ
  C. Ⅰ、Ⅱ、Ⅲ D. Ⅰ、Ⅲ

49. 甲以银行定期存款4倍的高息放贷，很快赚了钱。随后，四处散发宣传单，声称为加盟店筹资，承诺3个月后还款并支付银行定期存款2倍的利息。甲从社会上筹得资金1000万，高利贷出，赚取息差。甲资金链断裂无法归还借款，但仍继续扩大宣传，又吸纳社会资金2000万，以后期借款归还前期借款1000万。后因亏空巨大，甲将余款500万元交给其子，跳楼自杀。关于本案的定性，下列选项正确的是（ ）。
  Ⅰ. 甲以非法占有为目的，非法吸纳资金，构成集资诈骗罪

Ⅱ．甲集资诈骗的数额为 2000 万元

Ⅲ．根据《刑法》规定，集资诈骗数额特别巨大的，可判处死刑

Ⅳ．甲已死亡，导致刑罚消灭，法院对余款 500 万元不能进行追缴

A．Ⅰ、Ⅲ　　　　B．Ⅱ、Ⅲ　　　　C．Ⅰ、Ⅱ、Ⅲ　　　　D．Ⅰ、Ⅱ、Ⅳ

50. 下列行为属于《刑法》规定的利用未公开信息进行交易的是（　　）。

Ⅰ．上市公司董事泄露该公司重组信息

Ⅱ．基金经理利用所掌握的基金持仓信息买卖股票

Ⅲ．证券公司从业人员利用自营部门持仓信息买卖股票

Ⅳ．某注册会计师利用上市公司公开的财务信息买卖股票

A．Ⅰ、Ⅱ　　　　B．Ⅰ、Ⅲ　　　　C．Ⅱ、Ⅲ　　　　D．Ⅲ、Ⅳ

模拟试卷（三）参考答案及解析

一、单项选择题

1. 【答案】　C

【解析】部门规章及规范性文件由中国证监会根据法律和国务院行政法规制定，其法律效力次于法律和行政法规，如《证券发行与承销管理办法》、《上市公司信息披露管理办法》等。

2. 【答案】　D

【解析】根据《公司法》第一百二十八条，股票采用纸面形式或国务院证券监督管理机构规定的其他形式。

3. 【答案】　A

【解析】根据《公司法》第一百四十六条，有下列情形之一的，不得担任公司的董事、监事、高级管理人员：①无民事行为能力或者限制民事行为能力；②因贪污、贿赂、侵占财产、挪用财产或者破坏社会主义市场经济秩序，被判处刑罚，执行期满未逾五年，或者因犯罪被剥夺政治权利，执行期满未逾五年；③担任破产清算的公司、企业的董事或者厂长、经理，对该公司、企业的破产负有个人责任的，自该公司、企业破产清算完结之日起未逾三年；④担任因违法被吊销营业执照、责令关闭的公司、企业的法定代表人，并负有个人责任的，自该公司、企业被吊销营业执照之日起未逾三年；⑤个人所负数额较大的债务到期未清偿。

4. 【答案】　B

【解析】根据《公司法》第一百七十三条，公司合并，应当由合并各方签订合并协议，并编制资产负债表及财产清单。公司应当自作出合并决议之日起 10 日内通知债权人，并于 30 日内在报纸上公告。

5. 【答案】　A

【解析】实际控制人是指虽不是公司的股东，但通过投资关系、协议或其他安排，能够实际支配公司行为的人。

6. 【答案】　D

【解析】根据《公司法》第二百零五条,公司在清算期间开展与清算无关的经营活动的,由公司登记机关予以警告,没收违法所得。

7. 【答案】 A

【解析】除 A 项外,上市公司有下列情形之一的,也会由证券交易所决定暂停其股票上市交易:①公司不按照规定公开其财务状况,或者对财务会计报告作虚假记载,可能误导投资者;②公司有重大违法行为;③公司最近三年连续亏损;④证券交易所上市规则规定的其他情形。

8. 【答案】 B

【解析】根据《证券法》第七十五条,除 ACD 三项外,内幕信息还包括:①本法第六十七条第二款所列重大事件;②公司债务担保的重大变更;③公司营业用主要资产的抵押、出售或者报废一次超过该资产的 30%;④上市公司收购的有关方案;⑤国务院证券监督管理机构认定的对证券交易价格有显著影响的其他重要信息。

9. 【答案】 D

【解析】根据《证券法》第二百一十四条,收购人或者收购人的控股股东,利用上市公司收购,损害被收购公司及其股东的合法权益的,责令改正,给予警告;情节严重的,并处以十万元以上六十万元以下的罚款。给被收购公司及其股东造成损失的,依法承担赔偿责任。对直接负责的主管人员和其他直接责任人员给予警告,并处以三万元以上三十万元以下的罚款。

10. 【答案】 C

【解析】C 项,根据《证券法》第六十八条,上市公司董事、高级管理人员应当对公司定期报告签署书面确认意见。

11. 【答案】 D

【解析】采用封闭式运作方式的基金(简称封闭式基金),是指基金份额总额在基金合同期限内固定不变,基金份额持有人不得申请赎回的基金。

12. 【答案】 A

【解析】根据《证券投资基金法》第十九条,公开募集基金的基金管理人应当履行下列职责:①依法募集资金,办理基金份额的发售和登记事宜;②办理基金备案手续;③对所管理的不同基金财产分别管理、分别记账,进行证券投资;④按照基金合同的约定确定基金收益分配方案,及时向基金份额持有人分配收益;⑤进行基金会计核算并编制基金财务会计报告;⑥编制中期和年度基金报告;⑦计算并公告基金资产净值,确定基金份额申购、赎回价格;⑧办理与基金财产管理业务活动有关的信息披露事项;⑨按照规定召集基金份额持有人大会;⑩保存基金财产管理业务活动的记录、账册、报表和其他相关资料;以基金管理人名义,代表基金份额持有人利益行使诉讼权利或者实施其他法律行为;国务院证券监督管理机构规定的其他职责。

13. 【答案】 D

【解析】申请设立期货公司,应当符合《中华人民共和国公司法》的规定,并具备下列条件:①注册资本最低限额为人民币 3000 万元;②董事、监事、高级管理人员具备任职条件,从业人员具有期货从业资格;③有符合法律、行政法规规定的公司章程;④主要股东以及实际控制人具有持续盈利能力,信誉良好,最近3年无重大违法违规记录;⑤有合格的经营场所和业务设施;⑥有健全的风险管理和内部控制制度;⑦国务院期货监督管理机构规定的其他条件。

14.【答案】 A

【解析】根据《期货交易管理条例》第二十条,期货公司在注销期货业务许可证前,应当结清相关期货业务,并依法返还客户的保证金和其他资产。期货公司分支机构在注销经营许可证前,应当终止经营活动,妥善处理客户资产。

15.【答案】 D

【解析】证券公司章程中的重要条款,是指规定下列事项的条款:①证券公司的名称、住所;②证券公司的组织机构及其产生办法、职权、议事规则;③证券公司对外投资、对外提供担保的类型、金额和内部审批程序;④证券公司的解散事由与清算办法;⑤国务院证券监督管理机构要求证券公司章程规定的其他事项。

16.【答案】 D

【解析】根据《证券公司监督管理条例》第十五条,证券公司合并、分立的,涉及客户权益的重大资产转让应当经具有证券相关业务资格的资产评估机构评估。

17.【答案】 B

【解析】根据《证券公司客户资产管理业务规范》第三十四条,有下列情形之一的,协会不予通过投资主办人的年检:①不符合一般证券从业人员有关规定;②两年内没有管理客户委托资产;③被监管机构采取重大行政监管措施未满两年;④被协会采取纪律处分未满两年;⑤其他情形。

18.【答案】 C

【解析】根据《证券业从业人员资格管理办法》第七条,参加资格考试的人员,应当年满18周岁,具有高中以上文化程度和完全民事行为能力。

19.【答案】 D

【解析】除了ABC三项外,保荐机构及其保荐代表人履行保荐职责可对发行人行使的权利还包括:①要求发行人按照本办法规定和保荐协议约定的方式,及时通报信息;②列席发行人的股东大会、董事会和监事会;③对有关部门关注的发行人相关事项进行核查,必要时可聘请相关证券服务机构配合;④按照中国证监会、证券交易所信息披露规定,对发行人违法违规的事项发表公开声明;⑤中国证监会规定或者保荐协议约定的其他权利。

20.【答案】 B

【解析】根据《证券经纪人执业注册登记暂行办法》第十五条,协会对证券经纪人自其取得证券经纪人证书之日起每年检查一次。

21.【答案】 C

【解析】C项,根据《证券投资基金销售管理办法》第五十九条,基金销售机构在销售基金和相关产品的过程中,应当坚持投资人利益优先原则,注重根据投资人的风险承受能力销售不同风险等级的产品,把合适的产品销售给合适的基金投资人。

22.【答案】 B

【解析】售前服务指营销人员在客户招揽过程中提供的各项服务,主要包括向客户介绍证券基础知识、证券投资信息和投资者风险教育等证券专业咨询服务。

23. 【答案】 A

【解析】证券经纪业务是指证券公司通过其设立的证券营业部，接受客户委托，按照客户的要求代理客户买卖证券的业务。在证券经纪业务中，证券公司不赚取买卖差价，只收取一定比例的佣金作为业务收入。

24. 【答案】 D

【解析】证券经纪商与客户具体经纪关系的建立过程包括：①证券经纪商向客户讲解有关业务规则、协议内容和揭示风险，并请客户签署《风险揭示书》和《客户须知》；②客户与证券经纪商签订《证券交易委托代理协议》，与其选择的指定商业银行、证券经纪商签订《客户交易结算资金存管合同》；③客户在证券营业部开立证券交易资金账户等。

25. 【答案】 D

【解析】电话自动委托、自助终端委托的客户根据自己账号和操作密码进入电脑交易系统或电话自动委托交易系统，并按屏幕文字提示或电话语音提示自行进行委托或查询有关信息。

26. 【答案】 B

【解析】亚洲证券分析师联合会（ASAF）前身是成立于1979年11月的亚洲证券分析师委员会（ASAC），后更名为亚洲证券与投资联合会（ASIF），其注册地在澳大利亚，秘书处设在日本东京，最高决策机构是会员大会。

27. 【答案】 C

【解析】2001年10月，中国证券业协会证券分析师专业委员会致函国际注册分析师协会（ACIIA），申请以融资会员的身份加入，并在同年11月的ACIIA理事会上，正式加入国际注册分析师协会，并当选为该组织的理事会理事。

28. 【答案】 A

【解析】实践中，"跨墙"主要体现在证券分析师参与投资银行项目方面。证券分析师为公司证券承销保荐、财务顾问项目提供行业研究、撰写投资价值研究报告等研究支持，从而接触该项目的非公开信息的，应当从公开侧跨墙进入保密侧。

29. 【答案】 D

【解析】根据《证券发行上市保荐业务管理办法》第二十五条，保荐机构在推荐发行人首次公开发行股票并上市前，应当对发行人进行辅导，对发行人的董事、监事和高级管理人员、持有5%以上股份的股东和实际控制人（或者其法定代表人）进行系统的法规知识、证券市场知识培训。财务人员不属于高级管理人员，不必参加整个辅导过程。

30. 【答案】 B

【解析】上市公司在非公开发行新股后，应当将发行情况报告书刊登在至少一种中国证监会指定的报刊，同时将其刊登在中国证监会指定的互联网网站，置备于中国证监会指定的场所，供公众查阅。上市公司可以将公开募集证券说明书全文或摘要、发行情况公告书刊登于其他网站和报刊，但不得早于法定披露信息的时间。

31. 【答案】 B

【解析】根据《上市公司并购重组财务顾问业务管理办法》第六条规定，证券公司从事上市公司并购重组财务顾问业务，应当具备的条件之一是财务顾问主办人不少于5人。

32. 【答案】 B

【解析】根据《关于规范上市公司信息披露及相关各方行为的通知》，上市公司如在澄清公告或股票交易异常波动公告中披露不存在重大资产重组、收购、发行股份等行为的，应当同时承诺至少3个月内不再筹划同一事项。

33. 【答案】 D

【解析】根据《中国证监会关于进一步推进新股发行体制改革的意见》，发行人招股说明书申报稿正式受理后，即在中国证监会网站披露。招股说明书预先披露后，发行人相关信息及财务数据不得随意更改。

34. 【答案】 B

【解析】根据《证券发行上市保荐业务管理办法》第五十二条，持续督导工作结束后，保荐机构应当在发行人公告年度报告之日起10个工作日内向中国证监会、证券交易所报送保荐总结报告书。

35. 【答案】 C

【解析】C项，证券发行前，发行人不配合保荐机构履行保荐职责的，保荐机构应当发表保留意见，并在发行保荐书中予以说明；情节严重的，应当不予保荐，已保荐的应当撤销保荐。

36. 【答案】 D

【解析】首次公开发行的网上直播推介活动时间不应少于4个小时。直播内容应以电子方式报备中国证监会和拟上市的证券交易所。

37. 【答案】 A

【解析】根据《首次公开发行股票承销业务规范》第十四条，网下投资者报价时应当持有不少于1000万元市值的非限售股份，机构投资者持有的市值应当以其管理的各个产品为单位单独计算。A项，个人投资者只要符合上述条件，也可以参与网下报价和申购。

38. 【答案】 D

【解析】根据中国证监会《关于证券公司证券自营业务投资范围及有关事项的规定》，证券公司证券自营投资品种有：①已经和依法可以在境内证券交易所上市交易和转让的证券；②已经在全国中小企业股份转让系统挂牌转让的证券；③已经和依法可以在符合规定的区域性股权交易市场挂牌转让的私募债券，已经在符合规定的区域性股权交易市场挂牌转让的股票；④已经和依法可以在境内银行间市场交易的证券；⑤经国家金融监管部门或者其授权机构依法批准或备案发行并在境内金融机构柜台交易的证券。

39. 【答案】 D

【解析】自营业务决策机构原则上应当按照"董事会—投资决策机构—自营业务部门"的三级体制设立。投资决策机构是证券公司自营业务投资运作的最高管理机构，负责确定具体的资产配置策略、投资事项和投资品种等。

40. 【答案】 D

【解析】D项，证券自营业务的运作管理首先要控制运作风险，其中，自营业务必须以证券公司自身名义，通过专用自营席位进行，并由非自营业务部门负责自营账户的管理，包括开户、销户、使用登记等。

41. 【答案】　D

【解析】资产托管机构应当安全保管客户委托资产。资产托管机构发现证券公司的投资指令违反法律、行政法规和其他有关规定，或者违反资产管理合同约定的，应当予以制止，并及时报告客户和证券公司住所地中国证监会派出机构。

42. 【答案】　B

【解析】证券公司开展集合资产管理业务，严禁通过报刊、电视、广播及其他公共媒体推广集合资产管理计划。

43. 【答案】　A

【解析】资产管理业务主要有以下三种：①为单一客户办理定向资产管理业务；②为多个客户办理集合资产管理业务；③为客户特定目的办理专项资产管理业务。

44. 【答案】　A

【解析】客户只能与1家证券公司签订融资融券合同，向1家证券公司融入资金和证券。

45. 【答案】　C

【解析】证券公司应当委托证券登记结算机构，根据清算、交收结果等对客户信用证券账户内的数据进行变更。证券公司应当参照客户交易结算资金第三方存管的方式，与其客户及商业银行签订客户信用资金存管协议。

46. 【答案】　B

【解析】除证券暂停、终止交易等特殊情形外，证券金融公司向证券公司转融通的期限不得超过6个月。转融通的期限，自资金或者证券实际交付之日起算。

47. 【答案】　D

【解析】证券公司受期货公司委托从事介绍业务，不得代理客户进行期货交易、结算或者交割，不得代期货公司、客户收付期货保证金，不得利用证券资金账户为客户存取、划转期货保证金。

48. 【答案】　B

【解析】证券登记结算机构依据证券公司客户信用交易担保证券账户内的记录，确认证券公司受托持有证券的事实，并以证券公司为名义持有人，登记于证券持有人名册。

49. 【答案】　C

【解析】A项，发行人的董事、监事和高级管理人员应符合法律、行政法规和规章规定的任职资格，且最近12个月内不得受到证券交易所公开谴责；B项，发行人的财务人员不得在控股股东、实际控制人及其控制的其他企业中兼职。D项，发行人不得在最近36个月内违反工商、税收、土地、环保、海关以及其他法律、行政法规，受到行政处罚，且情节严重。

50. 【答案】　B

【解析】背信运用受托财产罪的主观方面表现为故意，一般是为了获取非法利润。

二、组合选择题

1.【答案】 D

【解析】根据《公司法》第八十条,股份有限公司采取发起设立方式设立的,注册资本为在公司登记机关登记的全体发起人认购的股本总额。在发起人认购的股份缴足前,不得向他人募集股份。股份有限公司采取募集方式设立的,注册资本为在公司登记机关登记的实收股本总额。

2.【答案】 A

【解析】根据《公司法》第一百三十条,公司发行记名股票的,应当置备股东名册,记载下列事项:①股东的姓名或者名称及住所;②各股东所持股份数;③各股东所持股票的编号;④各股东取得股份的日期。

3.【答案】 D

【解析】根据《公司法》第一百四十六条,有下列情形之一的,不得担任公司的董事、监事、高级管理人员:①无民事行为能力或者限制民事行为能力;②因贪污、贿赂、侵占财产、挪用财产或者破坏社会主义市场经济秩序,被判处刑罚,执行期满未逾五年,或者因犯罪被剥夺政治权利,执行期满未逾五年;③担任破产清算的公司、企业的董事或者厂长、经理,对该公司、企业的破产负有个人责任的,自该公司、企业破产清算完结之日起未逾三年;④担任因违法被吊销营业执照、责令关闭的公司、企业的法定代表人,并负有个人责任的,自该公司、企业被吊销营业执照之日起未逾三年;⑤个人所负数额较大的债务到期未清偿。

4.【答案】 A

【解析】根据《公司法》第二百一十一条,公司成立后无正当理由超过六个月未开业的,或者开业后自行停业连续六个月以上的,可以由公司登记机关吊销营业执照。

5.【答案】 A

【解析】根据《公司债券发行与交易管理办法》第十七条,存在下列情形之一的,不得公开发行公司债券:①最近三十六个月内公司财务会计文件存在虚假记载,或公司存在其他重大违法行为;②本次发行申请文件存在虚假记载、误导性陈述或者重大遗漏;③对已发行的公司债券或者其他债务有违约或者迟延支付本息的事实,仍处于继续状态;④严重损害投资者合法权益和社会公共利益的其他情形。

6.【答案】 A

【解析】除Ⅰ、Ⅱ、Ⅲ、Ⅳ四项,欺诈客户的行为还包括:①未经客户的委托,擅自为客户买卖证券,或者假借客户的名义买卖证券;②利用传播媒介或者通过其他方式提供、传播虚假或者误导投资者的信息;③其他违背客户真实意思表示,损害客户利益的行为。

7.【答案】 D

【解析】增发新股过程中的信息披露,是指发行人从刊登招股意向书开始到股票上市为止,通过中国证监会指定报刊向社会公众发布的有关发行、定价及上市情况的各项公告,一般包括招股意向书、网上网下发行公告、网上路演公告、提示性公告、发行结果公告以及上市公告书等。

8.【答案】　A

【解析】根据《证券投资基金法》，基金托管人应履行对基金财务会计报告、中期和年度基金报告出具意见的职责。

9.【答案】　D

【解析】期货价格克服了分散、局部的市场价格在时间上和空间上的局限性，具有公开性、连续性、预期性的特点。

10.【答案】　B

【解析】证券公司向客户融券，应当使用自有证券或者依法取得处分权的证券。证券公司从事融资融券业务，自有资金或者证券不足的，可以向证券金融公司借入，即通过转融通取得证券。

11.【答案】　A

【解析】根据《证券公司监督管理条例》第八十四条，Ⅰ、Ⅱ、Ⅲ、Ⅳ四项所述均属于应对直接负责的主管人员和其他直接责任人员单处或者并处警告、3万元以上10万元以下的罚款；情节严重的，撤销任职资格或者证券从业资格的情形。

12.【答案】　D

【解析】我国基金销售渠道有：①商业银行；②证券公司；③证券咨询机构和独立基金销售机构；④基金管理公司直销中心。

13.【答案】　A

【解析】证券投资基金的销售人员是指下列基金销售人员：①基金销售机构总部及主要分支机构负责基金销售业务的部门中从事基金销售业务管理的人员，包括部门基金业务负责人；②基金销售机构从事基金宣传推介活动、基金理财业务咨询等活动的人员。

14.【答案】　D

【解析】根据《上市公司并购重组财务顾问业务管理办法》第三十九条，除Ⅰ、Ⅱ、Ⅲ、Ⅳ四项外，中国证监会对财务顾问及其财务顾问主办人采取监管谈话、出具警示函、责令改正等监管措施的情形还包括：①内部控制机制和管理制度、尽职调查制度以及相关业务规则存在重大缺陷或者未得到有效执行的；②未按照本办法规定发表专业意见的；③未按照本办法的规定向中国证监会报告或者公告的；④采取不正当竞争手段进行恶性竞争的；⑤唆使、协助或者伙同委托人干扰中国证监会审核工作的；⑥中国证监会认定的其他情形。

15.【答案】　C

【解析】证券公司从事上市公司并购重组财务顾问业务，应当具备下列条件：①公司净资本符合中国证监会的规定；②具有健全且运行良好的内部控制机制和管理制度，严格执行风险控制和内部隔离制度；③建立健全的尽职调查制度，具备良好的项目风险评估和内核机制；④公司财务会计信息真实、准确、完整；⑤公司控股股东、实际控制人信誉良好且最近3年无重大违法违规记录；⑥财务顾问主办人不少于5人；⑦中国证监会规定的其他条件。

16.【答案】　D

【解析】根据《证券公司内部控制指引》第十六条，证券公司主要业务部门之间应当建立健全隔离墙制度，确保经纪、自营、受托投资管理、投资银行、研究咨询等业务相对独立；电脑部门、财务部门、监督检查部门与业务部门的人员不得相互兼任，资金清算人员不得由电脑部门人员和交易部门人员兼任。根据第七十九条，证券公司应通过部门设置、人员管理、信息管理等方面的隔离措施，建立健全研究咨询部门与投资银行、自营等部门之间的隔离墙制度；对跨隔离墙的人员、业务应有完整记录，并采取静默期等措施；对跨越隔离墙的业务、人员应实行重点监控。

17.【答案】 B

【解析】自然人客户变更代理人时，客户本人和新代理人都必须同时到柜台提交双方有效身份证明原件、代理人身份证复印件和客户本人资金账户卡。客户委托他人代办的，还应当提交经公证的委托代办书、代办人有效身份证明文件及复印件。

18.【答案】 A

【解析】遗失资金账户卡或因卡破损无法使用的客户：自然人客户必须凭其本人有效身份证明、证券账户卡（或因破损而无法使用的资金账户卡）办理补卡（或换卡）事宜。法人客户还需持法人授权委托书原件、代理人身份证原件。

19.【答案】 A

【解析】证券经纪业务目前主要是指证券公司按照客户的委托，代理其在证券交易所买卖证券的有关业务。在证券经纪业务中，包含的要素有：委托人、证券经纪商、证券交易所和证券交易对象。

20.【答案】 C

【解析】证券投资顾问业务是指证券公司、证券投资咨询机构（统称证券公司）接受客户委托，按照约定，向客户提供涉及证券及证券相关产品的投资建议服务，辅助客户做出投资决策，并直接或者间接获取经济利益的经营活动。投资建议服务内容包括：投资的品种选择、投资组合以及理财规划建议等。

21.【答案】 B

【解析】除Ⅱ、Ⅲ、Ⅳ三项，证券经纪商还应承担的义务有：①在客户办理开户手续时，应指定专人向客户讲解有关业务规则和合同内容，并以书面方式向其揭示投资风险，提醒客户了解并注意从事证券投资存在的风险；②坚持为客户保密制度；③如实记录客户资金和证券的变化；④不接受全权委托。

22.【答案】 A

【解析】在证券经纪业务中，委托人的资料关系到其资产安全和投资决策的实施，证券经纪商有义务为客户保密，但法律另有约定的除外。保密的资料包括：①客户开户的基本情况，如股东账户和资金账户的账号和密码；②客户委托的有关事项，如买卖哪种证券、买卖证券的数量和价格等；③客户股东账户中的库存证券种类和数量、资金账户中的资金余额等。

23.【答案】 B

【解析】证券分析师通过广播、电视、网络、报刊等公众媒体以及报告会、交流会等形式，发表涉及具体证券的评论意见，或者解读其撰写的证券研究报告，应当符合证券信息传播的有关规定以及下列要求：①由所在证券公司或者证券投资咨询机构统一安排；②说明所依据的证券研究报告的发布日期；③禁止明示或者暗示保证投资收益。

24.【答案】 C

【解析】《发布证券研究报告暂行规定》对合规管理、利益冲突防范机制等提出明确要求。具体要求是必须建立：①隔离墙制度与跨越隔离墙管理；②静默期制度。

25.【答案】 D

【解析】根据《发布证券研究报告暂行规定》第七条，明确证券公司、证券投资咨询机构采取有效措施，保证制作发布证券研究报告不受证券发行人、上市公司、基金管理公司、资产管理公司等利益相关者的干涉和影响。

26.【答案】 A

【解析】Ⅰ、Ⅱ两项属于投资者可以向中国证监会提出免于发出要约的申请，中国证监会自收到符合规定的申请文件之日起10个工作日内未提出异议的，相关投资者可以向证券交易所和证券登记结算机构申请办理股份转让和过户登记手续的情形。

27.【答案】 B

【解析】Ⅲ项，上市公司申请发行股份购买资产，应当提交并购重组委员会审核。

28.【答案】 B

【解析】重大资产重组实施完毕后，凡不属于上市公司管理层事前无法获知且事后无法控制的原因，上市公司或者购买资产实现的利润未达到盈利预测报告或者资产评估报告预测金额的80%，或者实际运营情况与重大资产重组报告书中管理层讨论与分析部分存在较大差距的，上市公司的董事长、总经理以及对此承担相应责任的会计师事务所、财务顾问、资产评估机构及其从业人员应当在上市公司披露年度报告的同时，在同一报刊上作出解释，并向投资者公开道歉。

29.【答案】 C

【解析】Ⅲ项属于评估的基本原则。

30.【答案】 A

【解析】Ⅰ项属于财务顾问受托向中国证监会报送申报文件时，应当在财务顾问报告中作出的承诺。

31.【答案】 B

【解析】发行保荐书的必备内容包括：①逐项说明本次发行是否符合《中华人民共和国公司法》《中华人民共和国证券法》规定的发行条件和程序。②逐项说明本次发行是否符合中国证监会的有关规定，并载明得出每项结论的查证过程及事实依据。③发行人存在的主要风险。④对发行人发展前景的评价。⑤保荐机构内部审核程序简介及内核意见。⑥保荐机构与发行人的关联关系。⑦相关承诺事项。⑧中国证监会要求的其他事项。

32.【答案】 D

【解析】Ⅳ项，发行人因再次申请发行证券另行聘请保荐机构、保荐机构被中国证监会撤销保荐机构资格的，应当终止保荐协议。终止保荐协议的，保荐机构和发行人应当自终止之日起5个工作日内向中国证监会、证券交易所报告，说明原因。

33.【答案】 C

【解析】Ⅱ项，发行公告是承销商对公众投资人作出的事实通知，不属于招股说明书的内容。

34.【答案】 C

【解析】招股说明书摘要应包括以下内容：①发行人在招股说明书摘要的显要位置作出的声明；②重大事项提示；③本次发行概况；④发行人基本情况；⑤募集资金运用；⑥风险因素和其他重要事项；⑦本次发行各方当事人和发行时间安排；⑧备查文件。

35．【答案】　A

【解析】发行人应披露对财务状况、经营成果、声誉、业务活动、未来前景等可能产生较大影响的诉讼或仲裁事项，主要包括Ⅰ、Ⅱ、Ⅲ、Ⅳ四项。

36．【答案】　A

【解析】证券公司应该加强管理的环节包括：承揽立项、尽职调查、改制辅导、文件制作、内部审核、发行上市和保荐回访等环节的管理。

37．【答案】　A

【解析】证券公司应当在投资银行业务部门与客户发生实质性接触后的适当时点，将相关项目所涉公司或证券列入观察名单。前款所称适当时点，以与客户签署保密协议、对项目立项、进场开展工作和实际获知项目敏感信息中较早者为准。

38．【答案】　B

【解析】Ⅱ项，证券公司经营证券自营业务的，自营权益类证券及证券衍生品的合计额不得超过净资本的100%；Ⅲ项，证券公司经营证券自营业务的，持有一种权益类证券的市值与其总市值的比例不得超过5%，但因包销导致的情形和中国证监会另有规定的除外。

39．【答案】　A

【解析】根据《证券公司证券自营业务指引》第十条，自营业务资金的出入必须以公司名义进行，禁止以个人名义从自营账户中调入调出资金，禁止从自营账户中提取现金。

40．【答案】　A

【解析】证券自营业务投资范围包括在境内证券交易所上市交易的证券，在境内银行间市场交易的政府债券、国际开发机构人民币债券、央行票据、金融债券、短期融资券、公司债、中期票据和企业债券，以及经证监会批准或者备案发行并在境内金融机构柜台交易的证券。

41．【答案】　C

【解析】证券公司、代理推广机构应当按照集合资产管理合同和推广代理协议的约定推广集合计划，向客户如实披露证券公司的业务资格，全面、准确地介绍集合计划的产品特点、投资方向、风险收益特征，讲解有关业务规则、计划说明书和集合资产管理合同内容以及客户投资集合计划的操作方法，并充分揭示投资风险。

42．【答案】　B

【解析】只有经证监会批准经营证券自营业务的证券公司才能从事证券自营业务。从事证券自营业务的证券公司其注册资本最低限额应达到1亿元人民币，净资本不低于5000万元人民币。

43．【答案】　C

【解析】根据《证券公司集合资产管理业务实施细则》第六条，集合计划资产独立于证券公司、资产托管机构和份额登记机构的自有资产。证券公司、资产托管机构和份额登记机构破产或者清算时，集合计划资产不属于其破产财产或者清算财产。

44. 【答案】　B

【解析】Ⅳ项，根据《证券公司客户资产管理业务管理办法》第三十三条，证券公司从事客户资产管理业务，不得向客户做出保证其资产本金不受损失或者取得最低收益的承诺。

45. 【答案】　D

【解析】证券公司在向客户融资、融券前，应当办理客户征信，了解客户的身份、财产与收入状况、证券投资经验和风险偏好，并以书面和电子方式予以记载、保存。

46. 【答案】　D

【解析】Ⅰ项，客户维持担保比例不得低于130%；Ⅱ项，会员可以与客户自行约定追加担保物后的维持担保比例要求；Ⅲ项，维持担保比例超过300%时，客户可以提取保证金可用余额中的现金或充抵保证金的有价证券。

47. 【答案】　A

【解析】除Ⅰ、Ⅱ、Ⅲ、Ⅳ四项外，证券公司申请介绍业务资格，还应当符合下列条件：①已按规定建立健全与介绍业务相关的业务规则、内部控制、风险隔离及合规检查等制度；②具有满足业务需要的技术系统；③中国证监会根据市场发展情况和审慎监管原则规定的其他条件。

48. 【答案】　A

【解析】证券金融公司开展转融通业务，应当了解证券公司的基本情况、业务范围、财务状况、违约记录、风险控制能力等，并以书面和电子的方式予以记录和保存。证券金融公司应当建立客户信用评估机制，对证券公司的信用状况进行评估，并根据评估结果确定和调整对证券公司的授信额度。

49. 【答案】　C

【解析】Ⅳ项，甲死亡导致其刑事责任的消灭，但民事责任、行政责任并不必然消除，甲的死亡不影响对其余款的追缴。

50. 【答案】　C

【解析】Ⅰ项，重组信息为内幕信息；Ⅳ项，该注册会计师进行交易使用的是公开信息。